REGARDS...

LE MUSÉE DES PLANS-RELIEFS

Isabelle Warmoes

ÉDITIONS DU PATRIMOINE
CENTRE DES MONUMENTS NATIONAUX

HISTOIRE DE LA COLLECTION

Installé au quatrième étage de l'hôtel des Invalides, le musée des Plans-Reliefs conserve une collection unique au monde de maquettes historiques de villes fortifiées et de forts, appelées plans-reliefs. Cette dénomination, apparue au XIXe siècle, provient de la contraction de l'expression « plan en relief » habituellement utilisée aux XVIIe et XVIIIe siècles, en même temps que les termes « modèle », « relief » ou encore « plan », pour désigner ces maquettes créées pour Louis XIV et dont la collection a été enrichie jusqu'en 1870. Outils de stratégie militaire, les plans-reliefs étaient aussi des instruments de prestige à la gloire des souverains.

Sur les deux cent soixante plans-reliefs créés entre 1668 et 1870, quatre-vingt-dix-sept sont aujourd'hui conservés dans les collections du musée, dont quatorze sont en dépôt au palais des Beaux-Arts de Lille.

Les origines

La collection des plans-reliefs est l'héritière d'une tradition européenne née au début du XVIe siècle. Le premier « modèle » à usage militaire connu est celui de la ville de Rhodes, réalisé en 1521 à la demande du grand maître de l'ordre des Hospitaliers afin de se préparer au siège mené par les Turcs dès 1522. Le duc de Bavière, Albert V, commande entre 1568 et 1574 une série de maquettes en bois des principaux centres administratifs et places fortes de son duché, aujourd'hui conservées à Munich au Musée national bavarois. La République

Le musée dans les années 1940-1950. Vue du plan-relief de Brest, construit de 1807 à 1811. D'une surface de 130 m², il est le deuxième plus grand de la collection.

de Venise, dans un souci de programmation de travaux de fortification, fait aussi exécuter au tournant des XVIe et XVIIe siècles les plans-reliefs de ses places situées dans les mers Égée et Adriatique.

En France, à la fin du XVIe siècle, les ingénieurs italiens au service de Charles IX ont pour habitude, avant d'entamer toute campagne de travaux dans une forteresse, de fabriquer un modèle en bois de chaque projet devant être soumis au roi. Suivant l'exemple italien, l'ingénieur Alain Manesson-Mallet offre en 1663 à Louis XIV son premier plan-relief, la maquette de Pignerol, alors place française du Piémont.

Mais la collection des plans-reliefs du roi est réellement inaugurée avec la commande que passe Louvois, ministre de la Guerre de Louis XIV, à Vauban du relief de Dunkerque, élaboré en août 1668 par l'ingénieur militaire Sauvage. À cette date s'achève la guerre de Dévolution menée par la France contre l'Espagne. Louis XIV obtient alors, par le traité d'Aix-la-Chapelle, une dizaine de villes des Flandres espagnoles : Aire-sur-la-Lys, Bergues, Douai et Lille, depuis demeurées françaises ; Ath, Charleroi, Courtrai, Menin, Audenarde et Tournai, aujourd'hui belges.

Directement liés aux travaux de fortification des places nouvellement conquises, les plans-reliefs présentent des « portraits en relief » de ces villes et de leur campagne environnante jusqu'aux limites des portées de tirs d'artillerie et des travaux d'approche ennemis en cas de siège. Leur utilité est multiple : ils permettent au roi et à son état-major, depuis Paris, d'appréhender les défauts et faiblesses des fortifications du royaume, de programmer les améliorations à apporter aux ouvrages militaires et de préparer les opérations de sièges. Ils servent aussi à l'instruction des armées. Une lettre de Vauban adressée au ministre de la Guerre, en date du 6 octobre 1695, en illustre quelques aspects : « Il y a un relief de Namur dans les Tuileries ; je vous demanderai d'avoir la complaisance d'y venir avec moi. Je vous ferai toucher au doigt et à l'œil tous les défauts de cette place, qui sont en bon nombre, et en même temps vous ferai apercevoir comment se pourrait corriger celui qu'on m'impute. »

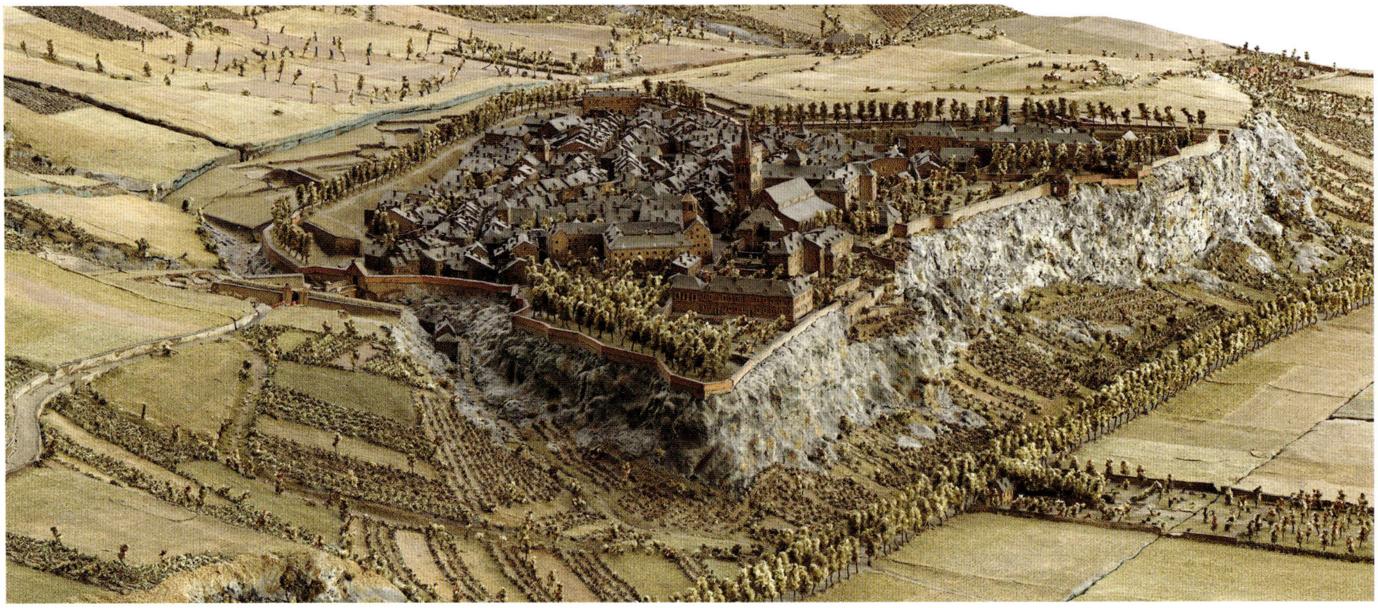

Portrait de Louvois, secrétaire d'État à la Guerre de Louis XIV.

Plan-relief d'Embrun, construit en 1701.

Le développement de la collection

Ce procédé de représentation des villes en trois dimensions rencontre un succès considérable, car il permet, contrairement à la cartographie contemporaine, la lecture immédiate des villes fortifiées inscrites dans leur territoire, révélant la nature et l'importance des dénivellations et facilitant la compréhension du tracé des fortifications. Dès le mois de décembre 1668, on exécute le plan-relief d'Ath, puis celui de la citadelle de Lille et, en 1670, celui de la place forte tout entière.

La collection se développe au rythme des conquêtes militaires de Louis XIV et de l'aménagement de la défense du territoire sur l'ensemble de ses frontières. Elle allait s'avérer exceptionnelle par son ampleur, par la qualité de l'exécution et par l'adoption d'une échelle commune à la quasi-totalité des maquettes – de 1 pied pour 100 toises, soit 1/600 environ (1 cm sur la maquette correspondant à 6 m dans la réalité).

Les ingénieurs du roi réalisent ainsi les plans-reliefs des places françaises situées aux frontières du royaume, mais aussi ceux des villes étrangères prises à l'ennemi. Les places du Nord, théâtre des guerres les plus fréquentes, sont les plus largement représentées. Celles de Franche-Comté, région définitivement rattachée à la France par le traité de Nimègue en 1678, sont reproduites en 1690 pour le fort de Joux et en 1691 pour Besançon. Les modèles des places des Pyrénées, construites ou aménagées sous la direction de Vauban à partir de 1679, sont tous créés avant 1697. Entre 1700 et 1705 sont réalisés les plans-reliefs des places et forts de la façade atlantique dont Vauban avait réorganisé et modernisé les défenses entre 1680 et 1705.

Un inventaire dressé par Vauban en 1697 – année du traité de Ryswick mettant fin à la guerre de la ligue d'Augsbourg – décrit l'*Estat des Plans en Relief qui sont dans les Thuileries*. Il révèle qu'en moins de trente ans, cent quarante-quatre maquettes ont été confectionnées, figurant cent un sites fortifiés. Certains, Dunkerque par exemple, ont été représentés plusieurs fois en quelques années, les plans-reliefs illustrant tant les projets d'aménagements défensifs que les étapes de l'évolution des travaux de fortification d'une place.

De l'ensemble des plans-reliefs exécutés sous Louis XIV, seuls trente subsistent, largement remaniés depuis. Il s'agit, pour le Nord, des places d'Arras, de Douai, Calais, Ypres, Menin, Nieuport, Ostende, Tournai, Charleroi et Bouillon ; pour l'Est, de Philippsbourg ; en Bourgogne, d'Auxonne ; dans les Alpes, de Montmélian, du fort Barraux, d'Exilles, de Mont-Dauphin et d'Embrun ; en Méditerranée, du fort Saint-Nicolas de Marseille et du château d'If ; dans les Pyrénées, de Rosas, Perpignan, Villefranche-de-Conflent, Fort-les-Bains et du fort Lagarde ; sur la façade atlantique, de Blaye, du Château-d'Oléron, de Saint-Martin-de-Ré et de Belle-Île et, sur la Manche, du Mont-Saint-Michel et du fort de la Conchée.

À cette époque, les maquettes sont d'abord exposées à Fontainebleau, à Versailles ou à Saint-Germain-en-Laye, puis entreposées par ordre d'arrivée dans les appartements du rez-de-chaussée du palais des Tuileries, contigus au pavillon de Flore. Elles y demeuraient confidentielles, réservées au roi et à son état-major. À partir de 1700, la collection s'installe au Louvre, où elle est non plus simplement stockée mais disposée

Détail du plan-relief de Tournai, réalisé en 1701 : vue du palais du Parlement.

le long de la galerie du Bord-de-l'Eau afin d'être contemplée – ce dont témoignent les dessins de Vigneux (vers 1750) et une miniature de Nicolas Van Blarenberghe peinte en 1771 sur une tabatière ayant appartenu au duc de Choiseul, ministre de la Guerre de Louis XV. De nombreux militaires étrangers et une grande partie du monde diplomatique viennent la visiter sur autorisation royale.

L'État des ingénieurs, dessin de Vigneux, 1749 (Paris, BNF). Vue de la galerie des plans en relief en 1749, lorsqu'elle était installée au Louvre. À proximité du plan-relief de Briançon, qui se dresse au fond de la galerie, le roi Louis XV et son état-major débattent autour d'un plan de la place forte alpine dont les défenses ont été renforcées quelques années plus tôt.

Les historiens de la collection considèrent généralement que dès lors, outre leur valeur militaire, ces maquettes acquièrent le statut d'objet d'art. Louis Grodecki, conservateur du musée des Plans-Reliefs de 1952 à 1960, est le premier à les qualifier d'« objets de prestige du roi », destinés à « montrer la puissance du royaume, la richesse des cités ». Dans son introduction au catalogue *Plans en relief de villes belges* (1965), il développe aussi la notion de « jouet princier » à propos de plans-reliefs exceptionnels, magnifiant l'autorité royale, exécutés dès la fin du règne de Louis XIV. L'échelle plus importante de ces maquettes autorise par ailleurs une plus grande précision dans les détails architecturaux et décoratifs. Les panneaux de façade rabattables de la maquette du Mont-Saint-Michel (vers 1691) laissent voir l'aménagement intérieur des pièces de l'abbaye, dont les stalles et le retable de l'église aujourd'hui disparus. Le plan-relief du Château-Trompette de Bordeaux (1705), entièrement démontable, montre l'agencement des éléments de la forteresse depuis les charpentes jusqu'aux sous-sols.

Dès le règne de Louis XIV, des œuvres commémoratives ont également été réalisées, illustrations de sièges ou batailles célèbres, alliant recherche esthétique et aspect pédagogique, ces maquettes étant pour la plupart destinées à l'instruction des différents corps d'armée. Le plan-relief de la place savoyarde de Montmélian (1693) garde le souvenir du siège mené par les troupes françaises en 1691 : la ville ruinée par le bombardement est représentée avec un grand réalisme en contrebas de la citadelle.

La production des plans-reliefs s'intensifie, en fonction des conflits, sous la Régence et le règne de Louis XV, notamment au lendemain de la guerre de Succession d'Autriche (1741-1748). De nombreuses maquettes des places fortes du Nord sont alors reconstruites, comme celle de Maastricht en 1750, ou créées, telle celle de Berg-op-Zoom en 1751. Afin d'actualiser leur valeur stratégique, on refait les plans-reliefs jugés périmés et nécessitant plus qu'une simple mise à jour, comme celui de Strasbourg, de 1688, remplacé entre 1725 et 1728 par une maquette aujourd'hui conservée à Strasbourg. Dans cette même perspective, le maréchal de Belle-Isle, secrétaire d'État à la Guerre, décide en 1754 la restauration de toutes les anciennes maquettes de la collection. Ainsi les plans-reliefs de la façade atlantique, élaborés vers 1703, sont-ils réparés dans les années 1770-1772.

Les possessions françaises d'outre-mer, telles que Montréal (1721), Québec (1720) ou le fort Saint-Philippe aux Baléares (1757), ont également été reproduites en plans-reliefs, aujourd'hui détruits.

Le transfert de la collection aux Invalides en 1776

Depuis 1706, la galerie du Bord-de-l'Eau qui accueille les plans-reliefs relève du ministère de la Guerre. Mais son entretien incombe à la surintendance des Bâtiments du roi, peu soucieuse du maintien de locaux ne lui appartenant pas. Le mauvais état des toitures occasionne de nombreux dommages sur les maquettes. En 1774, le comte d'Angiviller, contrôleur des Bâtiments civils du roi – en accord avec les architectes chargés du réaménagement du Louvre, Germain Soufflot et Ange Jacques Gabriel, désireux de récupérer la Grande Galerie afin d'y présenter les collections de peintures –, tente de convaincre Louis XVI de se débarrasser des plans-reliefs, « colifichets qui ne méritent pas d'être conservés ». Toutefois, sur avis de son ministre de la Guerre, le maréchal de Muy, le roi décide en novembre 1774 de les préserver mais ordonne leur transfert à l'hôtel des Invalides. Pour accueillir cette ample collection, on aménage une partie des combles des Invalides, alors simples greniers à blé. D'octobre 1776 à mars 1777, plus d'un millier de voyages sont nécessaires pour effectuer le déménagement complet des œuvres. Malgré les recommandations de Louis XVI qui n'entend « pas que trop de précipitation expose ces plans à être détériorés », douze plans-reliefs sont détruits, les autres subissant de multiples dommages. Après cet épisode, les ouvriers de la galerie allaient, vingt ans durant, se consacrer uniquement à la réparation des maquettes.

Le renouveau

Par la loi du 10 juillet 1791, les plans-reliefs sont placés sous la direction du Comité des fortifications et rattachés au Dépôt des fortifications qui réunissait mémoires, plans, cartes et autres objets dépendant du génie. Ils demeurent ainsi sous la tutelle du ministère de la Guerre qui, en 1794, décide de compléter la collection par la création du plan-relief de Toulon, alors dénommée Port-de-la-Montagne. Cette nouvelle réalisation doit commémorer la reprise de la ville aux Anglais le 29 frimaire an II (le 19 décembre 1793) mais aussi répondre à des préoccupations militaires, comme le rapporte Claude Marie Carnot, directeur du Dépôt des fortifications : « La Convention, dans sa séance du 24 frimaire, a invité tous les artistes à élever des monuments à ce triomphe des hommes libres sur les esclaves. Le monument dont il est question, non seulement remplirait ce but en consacrant à la postérité le tableau le plus vrai et le plus fidèle de cette conquête, mais il serait utile aux travaux ultérieurs que l'on médite sur ce boulevard de la République et qui sont absolument nécessaires pour nous assurer la possession de ce vaste et superbe arsenal de nos forces maritimes. Un plan-relief déciderait de toutes les questions relatives au terrain qu'il s'agit d'occuper et de défendre et mettrait à même de se prononcer enfin sur le système défensif qui leur convient. »

Détail du plan-relief de Berg-op-Zoom, construit en 1751, peu après la conquête de la ville par les armées françaises lors de la guerre de Succession d'Autriche (1741-1748).

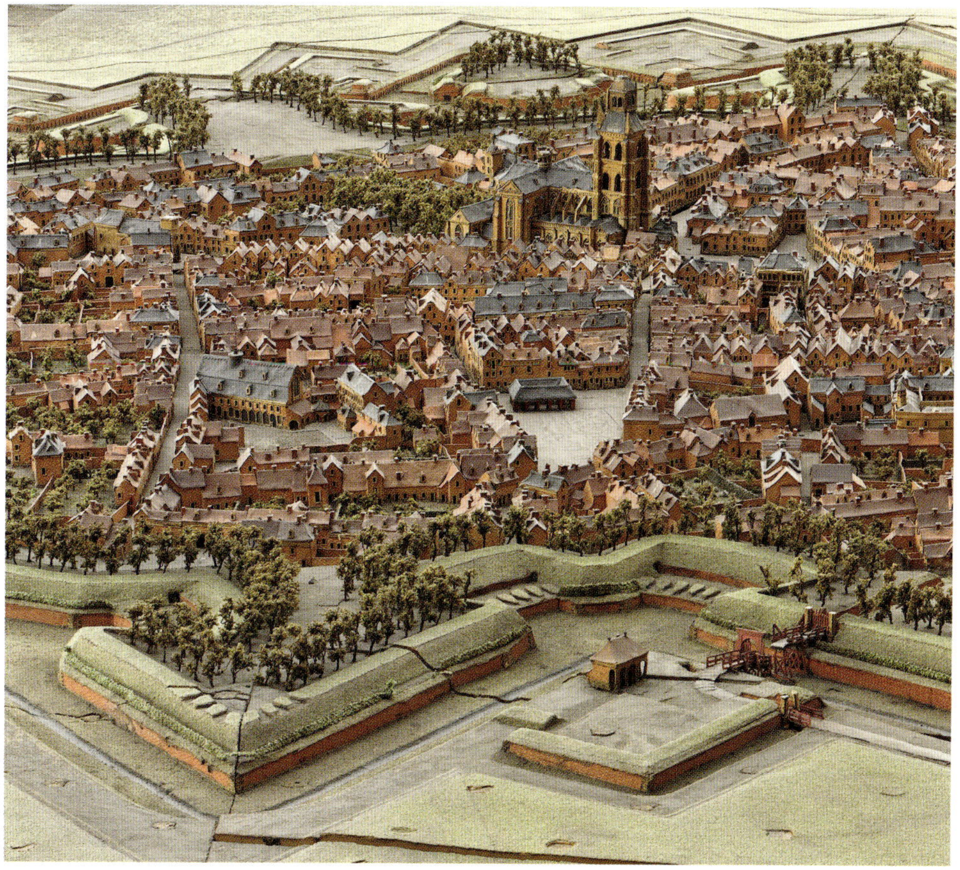

Modèle de tour Martello n° 3 (1805), 1846. Cette maquette, destinée à la formation des élèves ingénieurs, reproduit un fort défensif côtier anglais du début du XIXe siècle. Grâce à ses pièces amovibles, elle permettait de comprendre de manière très pédagogique les aménagements extérieurs et intérieurs de l'ouvrage.

Détail du plan-relief d'Avesnes-sur-Helpe. Il fut construit en 1826 pour remplacer le plan-relief du XVIIIe siècle pris par les Prussiens, la ville ayant conservé toute sa valeur stratégique.

Le gouvernement en place porte une grande attention à la collection : il reconnaît sa valeur stratégique originelle et considère que les plans-reliefs présentent « des notions aussi simples qu'exactes sur les places fortes de France et de l'étranger et sur les moyens d'attaque et de défense ».

Par ailleurs, Carnot fait compléter l'ensemble déjà existant de reliefs pédagogiques par la réalisation de reliefs d'étude au 1/200. Il s'agit par exemple du modèle d'un fort battu en brèche ou encore de la reproduction de systèmes de fortification

établis au cours des siècles par les meilleurs ingénieurs français ou étrangers, appelés modèles théoriques (les trois systèmes fortifiés de Vauban, la lunette d'Arçon, etc.). Ces reliefs étaient destinés à l'enseignement des élèves de l'École du génie de Metz et de l'École polytechnique. Dans un même souci d'instruction des élèves ingénieurs militaires, la Russie ou le Piémont-Sardaigne commandent eux aussi à la galerie des modèles d'étude.

Sous la Convention, la galerie des Plans-Reliefs, agrandie, ouvre au public. À partir de l'an II (1794), il est possible de la visiter une fois par an, pendant une période d'un mois, sur autorisation du ministre de la Guerre. L'usage perdure jusqu'en 1914.

Napoléon poursuit l'œuvre d'expansion entreprise durant la période révolutionnaire. Dès 1802, le Comité des fortifications commande la fabrication du plan-relief de Luxembourg, place récemment conquise, puis de ceux des ports et arsenaux français tels que Brest (1811) et Cherbourg (1811-1813). La surface monumentale de ces deux maquettes (130 et 160 m^2) permet de représenter les forts et batteries éloignés, destinés à protéger ces ports des tirs d'artillerie dont la portée avait augmenté. L'art du relief atteint alors à sa perfection.

L'Empereur fait également réaliser, en 1804, la maquette de Rocca d'Anfo, forteresse française construite en Lombardie sur ses ordres, ainsi que la carte en relief de la baie de La Spezia (1811), où il veut établir le principal port militaire de l'Empire en Méditerranée.

L'ensemble des reliefs d'étude est enrichi par l'achat de collections particulières, dont celle du marquis de Montalembert, et par la confiscation de collections étrangères, telles celles du stathouder des Pays-Bas et du roi de Sardaigne, constituées au XVIIIe siècle. Lors du traité de Paris de 1815, la France doit restituer ces œuvres, mais le plan-relief de Fenestrelle, place forte du Piémont, reste dans le fonds français.
À compter de 1801, la galerie des Plans-Reliefs continue à diversifier sa production par la création de maquettes de machines de guerre et de modèles d'artillerie, collection spécifique que se partagent en 1872 le musée de l'Artillerie et l'École d'application d'artillerie de Fontainebleau. Afin d'améliorer la présentation des œuvres, les locaux s'étendent désormais à la quasi-totalité des combles de l'hôtel des Invalides, dans les bâtiments de la cour d'honneur comme dans les ailes attenantes.
Mais la création en 1813 de la brigade topographique du génie au sein du Dépôt des fortifications prive la galerie des Plans-Reliefs d'une de ses principales attributions, celle de lever et de reconnaître les sites devant être reproduits en maquette. Les artistes de la galerie exécutent alors en relief, pour le commandement militaire, les plans directeurs (plans réalisés pour simuler l'attaque et le siège de villes fortifiées) levés par la brigade topographique et déjà établis en cartographie classique.

La spoliation prussienne de 1815

À la chute de l'Empire, l'armée prussienne s'empare de dix-neuf plans-reliefs des places du Nord et de l'Est, qui sont alors entreposés dans l'arsenal de Berlin : Strasbourg, Fort-Louis-du-Rhin, Landau, Sarrelouis, Bitche, Thionville, Longwy, Mézières, Sedan, Givet, Philippeville, Maubeuge, Avesnes-sur-Helpe, Le Quesnoy, Condé, Valenciennes, Cambrai, Lille, les écluses de Gravelines et deux reliefs à petite échelle, l'un des lignes de Wissembourg, l'autre de Neuf-Brisach. Au début du XXe siècle, Guillaume II remet à Strasbourg sa maquette, où elle se trouve toujours, à la ville de Landau son relief et au musée de Metz celui de Bitche, aujourd'hui exposé dans la chapelle de la citadelle de Bitche, et celui de Thionville, disparu. Les maquettes demeurées à Berlin sont endommagées lors des bombardements de la ville en 1945. Laissées sans soin depuis, elles ont été dépouillées de la plupart de leurs maisons et monuments. La commission française envoyée sur place en 1948 juge que seul le plan-relief de Lille mérite d'être rapatrié ; les autres ont, semble-t-il, disparu depuis.
Jusqu'en 1870, la galerie poursuit la restauration des plans-reliefs les plus anciens. Parallèlement, elle entreprend de remplacer les maquettes saisies par les Prussiens, mais seules quatre d'entre elles sont finalement exécutées : Avesnes-sur-Helpe (1826), Bitche (1825-1828), Sedan (1833-1841), Strasbourg (1830-1836). L'atelier de la galerie accompagne aussi les travaux de modernisation de diverses places – Marsal, Grenoble – ou l'édification de nouveaux forts (Les Rousses dans le Jura) par la construction de maquettes. Des plans-reliefs commémoratifs comme Anvers (1833) ou Rome (1850-1852) illustrent les interventions françaises lors des révolutions européennes du deuxième tiers du XIXe siècle.

Vue du plan-relief de Philippeville dans l'Arsenal de Berlin, en 1948. Parmi les dix-neuf plans-reliefs pris par les Prussiens en 1815, plusieurs ont été amputés de leurs tables de campagne afin d'être présentés à la verticale.

La fin de la production des plans-reliefs : 1870

La guerre de 1870 démontre l'inefficacité défensive des enceintes urbaines face à la puissance encore accrue de l'artillerie et marque la fin de la fortification bastionnée. Les plans-reliefs perdant toute vocation stratégique, la galerie met un terme à leur production et se consacre à l'élaboration de modèles en plâtre de fortifications destinés à l'instruction dans les écoles militaires. De 1881 à 1914, elle multiplie la réalisation de plans directeurs en relief au 1/20000, notamment ceux des camps retranchés édifiés à partir de 1874 pour assurer la défense de l'est de la France autour de Toul, Verdun, Épinal et Belfort. Le souci d'une plus grande lisibilité des informations qui avait présidé à la naissance des plans-reliefs se retrouve ici.
Le changement de nature de son activité entraîne le rattachement de la galerie des Plans-Reliefs au Service géographique de l'armée en 1886, à l'instar des organismes cartographiques du Dépôt de la guerre. Ce service accomplit principalement des travaux topographiques en Algérie et révise la carte de France, ou carte d'état-major, dressée de 1821 à 1880 au 1/80000. À partir de ces travaux, diverses cartes de France sont déclinées à de nouvelles échelles, dont la carte au 1/500000 du colonel Prudent, conservateur de la galerie des Plans-Reliefs jusqu'en 1901. À cette date, l'atelier devient le Service des plans directeurs en relief auquel est annexée la collection des anciennes places fortes. Dès lors, le Service géographique se contente de maintenir en état les plans-reliefs, considérés comme des pièces de musée à caractère historique et artistique.

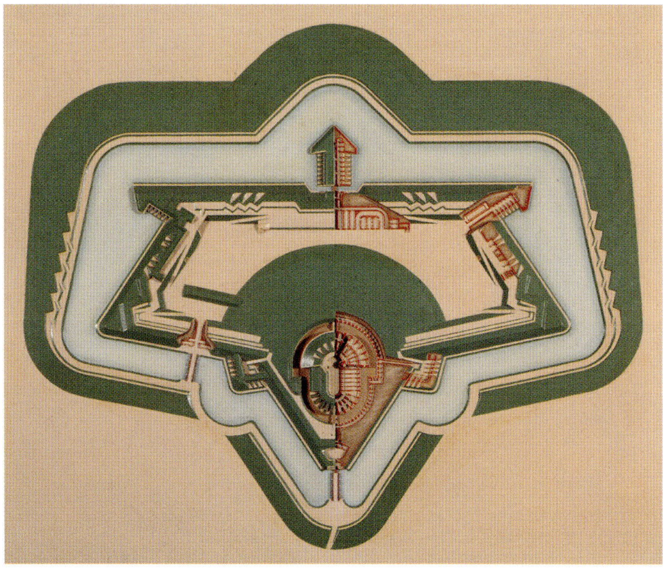

Le classement de la collection et la création du musée des Plans-Reliefs

Militairement obsolète, la collection est de nouveau menacée : le ministre de la Guerre souhaitant récupérer des locaux aux Invalides, les maquettes de Douai et d'Arras sont cédées à leurs villes respectives et d'autres, purement et simplement détruites. Pour sauver cet ensemble prestigieux, la Commission supérieure des monuments historiques, à l'initiative de Gaston Renault, alors conservateur de la galerie, décide son classement au titre des monuments historiques par arrêté du 22 juillet 1927.
En 1940, le Service géographique de l'armée devient l'Institut géographique national, organisme civil. La collection des plans-reliefs est alors affectée au ministère de l'Éducation nationale en raison de son intérêt pour l'histoire de l'urbanisme. Le décret du 31 décembre 1943[1] fonde le musée des Plans-Reliefs. Ce dernier relève alors du service des Monuments historiques qui dépend du secrétariat général des Beaux-Arts. Aujourd'hui, il dépend du service des Musées de France, au sein de la direction générale des Patrimoines.
De nouvelles pressions pour libérer des locaux aux Invalides s'exercent très vite après la guerre. Une commission, chargée en 1965 de statuer sur son sort, envisage le transfert de la collection à Chambord, à Arc-et-Senans ou aux Petites Écuries de Versailles où elle commence à être déménagée. Un rapport du 7 janvier 1966 de Michel Parent, alors conservateur du musée, approuvé par le ministre des Affaires culturelles André Malraux, met fin pour un temps à ces projets. Par ailleurs, de nombreuses municipalités désirent obtenir le plan-relief de leur ville. Le ministère de la Culture rejette ces demandes, la collection classée dans sa totalité étant indivisible. Mais le 29 novembre 1984, le comité interministériel de décentralisation décide le transfert du musée des Plans-Reliefs à Lille. Le musée des Invalides ferme, et le déménagement des maquettes s'amorce en janvier 1986. Il est interrompu en avril à la demande du ministre de la Culture

1. En 1943, une partie de la collection se trouve à Chambord. Lors de la Seconde Guerre mondiale, en effet, les plans-reliefs et les archives de la galerie ont été mis à l'abri. En novembre 1939 a commencé le transport des maquettes à Sully-sur-Loire puis, le château se révélant trop petit, au château de Chambord où l'on projetait de créer un musée de l'urbanisme. Après le bombardement du château de Sully en juin 1940, les plans-reliefs restants sont partis pour Chambord. Enfin, en 1944, le reste de la collection est évacué dans les cryptes du Panthéon. Les plans-reliefs réintègrent les Invalides de 1945 à 1949, mais le musée ne rouvre qu'en 1952.

François Léotard. Une convention, signée le 2 octobre 1987 entre la Ville de Lille et l'État, stipule le dépôt à Lille de dix-neuf plans-reliefs de places fortes du Nord, nombre ramené à quatorze en 2019.

Le musée des Plans-Reliefs aujourd'hui

Après l'abandon du transfert à Lille, une galerie de préfiguration est ouverte au public de 1986 à 1996. Des études sont conduites parallèlement, en vue d'un réaménagement complet du musée au sein des galeries qui entourent la cour d'Honneur au quatrième étage des Invalides. Ce projet, basé sur un redéploiement des collections selon un parti géographique, est confié à Wladimir Mitrofanoff, architecte, et à Christian Germanaz, muséographe. En 1997, deux premières galeries sont ouvertes : dans l'une sont exposés vingt-huit plans-reliefs de la Manche, de l'Atlantique, des Pyrénées et de la Méditerranée ; l'autre présente l'histoire de la collection, la fabrication des plans-reliefs, leur lien avec la guerre de siège classique.

L'exposition des plans-reliefs les plus emblématiques des autres régions frontalières (Alpes, est et nord de la France) dans les autres espaces affectés au musée constitue un important enjeu d'avenir. De même, la mise en place progressive de dispositifs numériques innovants, tels que la réalité augmentée, permet de renouveler et d'enrichir la présentation des maquettes, afin de mettre en valeur leurs différentes facettes.

Le musée valorise ses collections lors d'expositions temporaires mais aussi, de manière continue, à travers des activités pédagogiques (visites guidées, ateliers, etc.) tournées vers tous les types de publics. Parallèlement, le musée offre aux chercheurs l'accès à ses fonds documentaires, dont une part croissante est numérisée et mise en ligne. Il poursuit enfin une politique de publication, liée d'une part à l'organisation de journées d'études et, d'autre part, à l'élaboration des inventaires de ses collections.

L'une des galeries du musée des Plans-Reliefs dans les années 1980.

Le musée des Plans-Reliefs depuis sa rénovation effectuée en 1997.

Page de gauche

Modèle d'un fort détaché de la nouvelle enceinte d'Anvers (1860), 1878, plâtre peint. Ce type de modèle, présentant des systèmes fortifiés européens, fut réalisé à partir de 1877 pour l'enseignement dans les écoles militaires.

VALEUR DOCUMENTAIRE DE LA COLLECTION

Plans-reliefs et cartographie

La constitution de la collection des plans-reliefs est une réponse aux carences de la cartographie traditionnelle : les plans perspectifs et les vues cavalières en usage au XVIIe siècle privilégient un point de vue unique, insuffisant pour un usage militaire ; les plans, coupes, profils et élévations détaillés des places du royaume offrent une lecture plus précise mais fragmentaire des sites. Les plans-reliefs seuls permettent d'obtenir une vision globale des lieux, révélant la nature et l'importance des dénivellations des paysages, aspect primordial pour la défense des places fortes. Cette qualité doit néanmoins être relativisée, la restitution de la topographie des sites représentés étant liée aux progrès de la cartographie, dont les plans-reliefs sont un mode d'expression particulier. Tout au long du XVIIe siècle, les relevés de terrain autour des sites fortifiés sont exécutés selon les techniques d'arpentage, les mesures de distance entre les éléments architecturaux ou paysagers notables étant réalisés à la chaîne d'arpenteur.

Les cartes et plans deviennent plus précis au cours du XVIIIe siècle, grâce à la mise au point du principe de la triangulation. Utilisé lors des levés topographiques effectués durant les guerres de Louis XV, il aboutit à l'élaboration de la carte de France de Cassini dont les premières feuilles paraissent en 1756. Cette technique permet de déterminer les coordonnées précises des objets dans l'espace et leur figuration en plans nivelés sur lesquels les altitudes sont reportées. Mais la représentation des dénivellations des terrains reste imprécise, car les points cotés sont reliés entre eux sans réelle exactitude. Les cartographes se heurtent aussi au problème de figuration des reliefs en plan, qu'ils exécutent au moyen de hachures éventuellement rehaussées de lavis.

Seule l'utilisation des relevés topographiques par courbes de niveau permet d'obtenir une reproduction fiable et détaillée des irrégularités des terrains. Ce procédé, employé par les hydrographes dès 1730, est adopté en 1799 dans le cadre de levés terrestres. Il se développe grâce aux travaux topographiques

Page de gauche

Détail du plan-relief de Saint-Omer, 1758. Vue de la cathédrale Notre-Dame, édifiée à proximité de la base d'un ancien château médiéval, transformée en cavalier d'artillerie.

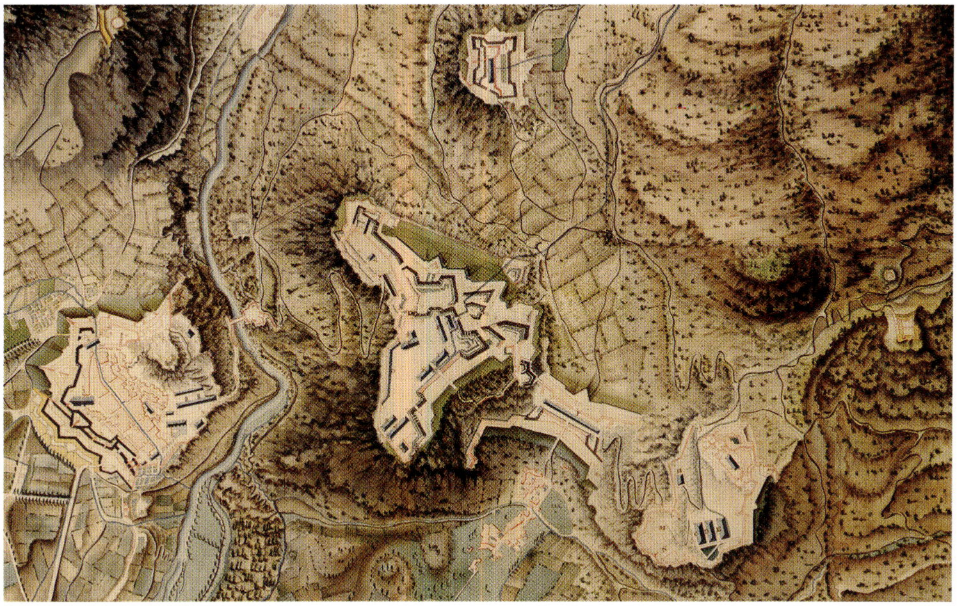

Plan des places et forts de Briançon (musée des Plans-Reliefs, Paris, D 518). Les montagnes sont soulignées par des jeux d'ombrage, réalisés à l'encre et à l'aquarelle, pour en faire ressortir les reliefs. Ce mode de figuration reste imprécis.

Détail du plan-relief d'Auxonne, 1677.
Le château, construit par Louis XI, possède d'imposantes tours d'artillerie caractéristiques de la fin du XVe siècle.

Page de droite

Détail du plan-relief de Bergues, 1699.
La maquette restitue l'évolution des fortifications de la ville depuis le Moyen Âge. On y voit le rempart, ponctué de tours, aménagé à la fin du XIVe siècle et renforcé au XVe siècle, précédé d'une demi-lune construite au XVIIe siècle, ces défenses étant complétées par la présence de fossés en eau.

Détail du plan-relief de Gravelines, 1756.
Les plans-reliefs témoignent de l'importance de la place des jardins dans le tissu urbain des villes jusqu'au milieu du XIXe siècle.

réalisés par le service du génie, particulièrement sous la direction du chef de bataillon Haxo qui l'applique pour la première fois en 1801, lors des travaux de cartographie préalables à l'édification de la forteresse de Rocca d'Anfo.
Malgré l'usage de cette technique et l'amélioration des modes de représentation des reliefs (hachures courtes associées à l'adoption de la « lumière oblique », puis recours aux couleurs, etc.), on construit encore des plans-reliefs qui facilitent la perception immédiate des sites : en 1810, Napoléon Ier commande le plan-relief à courbes de niveau du site de La Spezia et, en 1881, les plans directeurs en relief des camps retranchés de la frontière de l'est de la France sont réalisés.
Ces maquettes demeuraient cependant des instruments d'expertise à distance pour le gouvernement, les ingénieurs militaires leur ayant de tout temps préféré l'usage de plans, coupes et élévations, documents plus maniables qui offrent une échelle plus détaillée.

Une histoire de la fortification

La collection des plans-reliefs est étroitement liée à l'histoire de la fortification bastionnée, étant née lors de son perfectionnement par Vauban. Elle renseigne cependant plus largement sur l'histoire de l'évolution de la défense des villes face aux techniques d'attaque continuellement renouvelées, depuis le Moyen Âge jusqu'au dernier tiers du XIXe siècle.
Les plans-reliefs du Mont-Saint-Michel, du château de Ham et d'Auxonne, avec la présence de tours à canons du XVe siècle imposantes, montrent les solutions envisagées en France pour répondre aux progrès de l'artillerie intervenus autour des années 1450-1490. En outre, un grand nombre de maquettes présentent des villes encore dotées de leur enceinte médiévale, les ingénieurs militaires, du XVIe au XVIIIe siècle, s'étant contentés, dans un souci d'économie, de perfectionner ces fortifications par l'adjonction d'éléments modernes. Ce fut le cas dans les villes de Bergues et de Tournai, ou encore à Blaye en Gironde et à Perpignan dans les Pyrénées. Les exemples seraient à multiplier. La collection garde également la mémoire d'interventions plus radicales, telles que la substitution à Ath, en Belgique, d'une nouvelle enceinte bastionnée aux remparts médiévaux ou encore l'édification de villes nouvelles à vocation défensive, dont Neuf-Brisach constitue le fleuron.
Les plans-reliefs illustrent l'application des principes de la fortification élaborés par les ingénieurs militaires et leur adaptation à la diversité des sites défensifs : étagement des défenses en montagne (Briançon, Villefranche-de-Conflent), utilisation de l'eau pour protéger les remparts des sites de bord de mer (Gravelines), de rivières (Ypres) ou de marécages. En complément de ces maquettes, un ensemble de reliefs d'étude, créé à partir du XVIIIe siècle dans un but pédagogique, retrace les grandes étapes de la théorie de la fortification, depuis la reconstitution de l'attaque d'une forteresse médiévale par temps de neige jusqu'aux modèles de forts conçus par le général Séré de Rivières à partir de 1874, en passant par les trois systèmes de fortification élaborés par Vauban.

Une histoire de l'urbanisme et du paysage

Les plans-reliefs donnent aussi de précieux renseignements sur l'histoire de l'urbanisme, liée à celle de la fortification, car ils offrent un panorama des villes enfermées dans leurs remparts, avant la révolution industrielle et les grandes transformations du XXe siècle. La vision aérienne rapprochée offerte par les plans-reliefs permet d'appréhender les structures de ces villes parfois nées dès l'Antiquité, comme les cités lorraines de Metz, de Toul ou de Marsal. Ces maquettes révèlent la variété des types urbains élaborés au Moyen Âge, de plan radio-concentrique comme à Landrecies, ou plus irrégulier comme à Bergues ou à Ath. Elles aident aussi à percevoir la croissance progressive des villes : à Saint-Omer par exemple, l'agglomération médiévale s'est développée autour d'un château à motte féodale avant d'être enfermée dans une ceinture de fortifications classiques. Ces aménagements défensifs ont pu susciter – à Toulon, à Lille ou à Saint-Martin-de-Ré – la création de quartiers neufs, au tracé rectiligne, en périphérie du centre ancien. Ailleurs, ce tracé rectiligne des rues, lié au dessin des fortifications, témoigne de leur conception à l'époque classique : *ex nihilo* à Mont-Dauphin, à Huningue, à Neuf-Brisach, ou sur l'emplacement d'une agglomération plus ancienne, comme au Château-d'Oléron.

La vision globale qu'autorisent les plans-reliefs souligne l'équilibre existant entre le bâti et les espaces libres ou les jardins dans ces villes, du XVIIe au XIXe siècle. De même, elle rend compte de leur évolution entre l'époque de leur représentation et aujourd'hui : certaines, comme Neuf-Brisach, sont restées prisonnières de leur enceinte ; d'autres, telle Grenoble, ont connu une croissance incontrôlée.

Outils de connaissance archéologique, les plans-reliefs sont des bases de travail, parfois uniques, pour préparer la sauvegarde de quartiers ou d'édifices. Par la qualité de leur exécution, ils apportent en effet des informations sur l'architecture des villes, mettant en évidence les caractéristiques régionales majeures, à travers la reproduction des formes et des matériaux. Ils conservent la mémoire de l'aspect de nombreuses constructions religieuses (églises paroissiales, couvents, hôpitaux) disparues après la Révolution. Les plans-reliefs révèlent en outre les modifications apportées aux édifices au cours des siècles. La maquette du Mont-Saint-Michel présentant l'abbaye avant la mise en place de la flèche surmontée de la statue de l'archange est à cet égard particulièrement évocatrice.

La collection documente aussi l'histoire du paysage. Elle offre des renseignements sur l'équipement des campagnes aux XVIIIe et XIXe siècles, à travers la figuration de fermes ou de moulins. Les plans-reliefs permettent également l'étude du réseau de voies de communication mis en place au cours du temps, grâce à la représentation des ponts, routes, cours d'eau et canaux, puis des voies ferrées au XIXe siècle. À l'instar des zones urbanisées,

l'évolution des campagnes et des types d'exploitation de la terre peut être observée grâce à ces maquettes qui révèlent par exemple la disparition de la vigne autour de Saint-Martin-de-Ré depuis le début du XVIIIe siècle ou, au contraire, la permanence du bocage de Brest.

Les limites

Les campagnes de restauration et quelques études monographiques (Arras, Perpignan, Laon) conduisent à relativiser la valeur documentaire des plans-reliefs qui recèlent, principalement en raison de leur vocation stratégique, différents niveaux d'information. Au XVIIe siècle, on a valorisé la représentation des fortifications, traitées avec plus de soin que le bâti urbain dont les façades étaient standardisées. Sur la maquette de Perpignan, seuls trois types de maisons se distinguent. Leurs façades ont été dessinées en série sur des bandes de papier puis découpées. À partir de la seconde moitié du XVIIIe siècle, en revanche, les caractéristiques architecturales des bâtiments sont traitées avec précision, au cas par cas. Au XIXe siècle, les habitations étaient reproduites à vue d'œil, à partir de quelques mesures, les topographes précisant les niveaux d'élévation, les types de toiture, les percements des façades, ainsi que les matériaux. Les édifices particuliers – cathédrales de Strasbourg, Toul, Laon, etc. – étaient relevés et exécutés avec plus de minutie. Cependant, l'échelle de fabrication des maquettes la plus fréquente (1/600) ne permettait pas de reproduire l'intégralité des éléments décoratifs des constructions. On remarque ainsi, en les comparant avec les relevés conservés, une stylisation des façades, certains détails étant exagérés, d'autres gommés.

Plan-relief de Neuf-Brisach, 1703-1706.
Cette place forte est un parfait exemple de ville neuve militaire créée de toutes pièces sous Louis XIV pour des raisons défensives. On y retrouve notamment les rues en damier qui se déploient autour de la place d'armes centrale.

Page de droite

Vue d'une table de campagne du plan-relief d'Audenarde, 1747.
L'ingénieur Nicolas de Nézot, qui a dirigé la construction de ce plan-relief, s'est attaché à restituer la nature des terrains et des cultures aux abords de la ville. On y distingue des zones marécageuses, à proximité de l'Escaut, des jardins d'agrément, des jardins potagers, des vergers et de nombreux champs dont la variété des couleurs et des textures rend compte de la diversité des cultures.

l'Escaut R.

Vue d'un moulin à vent présent sur le plan-relief de Gravelines, 1756.

Détail du plan-relief d'Ath, 1697.
La minutie d'exécution du plan-relief restitue les détails de la toiture en ardoises et de la façade en pierre de taille de l'hôtel de ville, encadré de constructions en briques caractéristiques des Flandres.

Des simplifications peuvent aussi avoir eu lieu lors de l'habillage des tables, par rapport au plan « cadastral » dessiné à leur surface. Elles sont généralement imputables à des lacunes dans les informations fournies par les topographes et concernent le plus souvent le traitement des jardins, des cours, des façades arrière ou des bâtiments secondaires.

Lorsque, au XVIIIe siècle, la laine des campagnes a été remplacée par de la soie sur les plans-reliefs du XVIIe, les maquettes ont été remises à jour, intégrant les modifications apportées dans le paysage du site (constructions, destructions...). Les comptes rendus de restauration, conservés dans les archives du musée des Plans-Reliefs à partir du XIXe siècle, mentionnent également des interventions plus radicales, touchant à la fois les campagnes, les fortifications et le tissu urbain. Ainsi sont nées des œuvres hybrides, qui présentent un urbanisme du XVIIe siècle au milieu d'un paysage et de fortifications du XVIIIe ou du XIXe siècle. D'autres reflètent la réalité du site au moment de la restauration du plan-relief et non de sa construction, à l'image de celui de Strasbourg bâti de 1830 à 1836 et entièrement remanié entre 1856 et 1862.

Malgré ces distorsions notables par rapport à la réalité, les artistes de la galerie ont maintenu une vérité d'ensemble, et la valeur documentaire des plans-reliefs reste indéniable. Les documents préparatoires à l'élaboration des maquettes, souvent très détaillés (mais conservés pour un petit nombre de modèles), complètent leur étude. Ils sont à confronter avec les autres sources de renseignements sur l'histoire des villes représentées.

REGARDS SUR LE MUSÉE DES PLANS-RELIEFS

Le Mont-Saint-Michel

La maquette du Mont-Saint-Michel occupe une place à part au sein de la collection du musée des Plans-Reliefs, dont elle constitue l'un des fleurons. Réalisée avant 1691 par un moine de l'abbaye, elle fut offerte à Louis XIV en 1709 et rejoignit la collection des plans en relief nouvellement installée au Louvre. Chef-d'œuvre de précision, elle apporte un témoignage unique sur la physionomie du Mont-Saint-Michel au XVIIe siècle, qu'elle restitue dans ses moindres détails, jusqu'aux éléments de décors intérieurs.

Ci-contre

Plusieurs façades de la maquette s'ouvrent, révélant différents aménagements intérieurs de l'abbaye. Le retable en bois doré de Saint-Michel-en-la-Nef, réalisé en 1644 et aujourd'hui détruit, est visible dans l'église.

À droite

Dans la partie supérieure du monastère, on découvre les cellules des moines, aménagées en 1622 dans l'ancien réfectoire gothique.

Page de droite

Des éléments d'architecture disparus ou modifiés sont visibles sur la maquette, comme la tour centrale de l'église abbatiale, coiffée d'une toiture en bulbe aménagée en 1609.

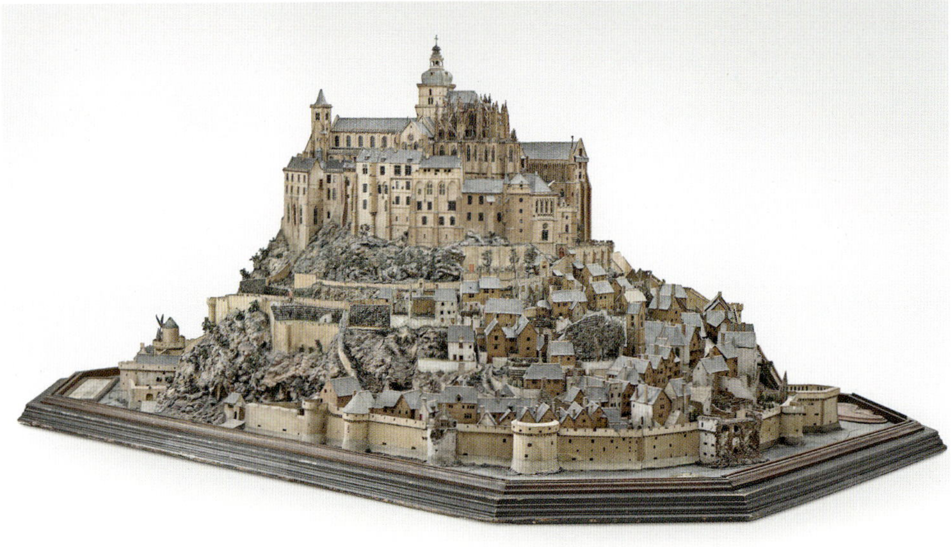

Places fortes du Nord et de l'Est

Les territoires du Nord et de l'Est ont été un enjeu stratégique majeur pour la France pendant plus de quatre siècles, face aux possessions de l'Angleterre, des Habsbourg et des princes germaniques.
Tel un échiquier défensif, les plans-reliefs de ces régions représentent les grandes places de guerre qui ont assuré, du XVIIe au XIXe siècle, la mise en défense de ces territoires une fois les frontières stabilisées, ou celles temporairement conquises.

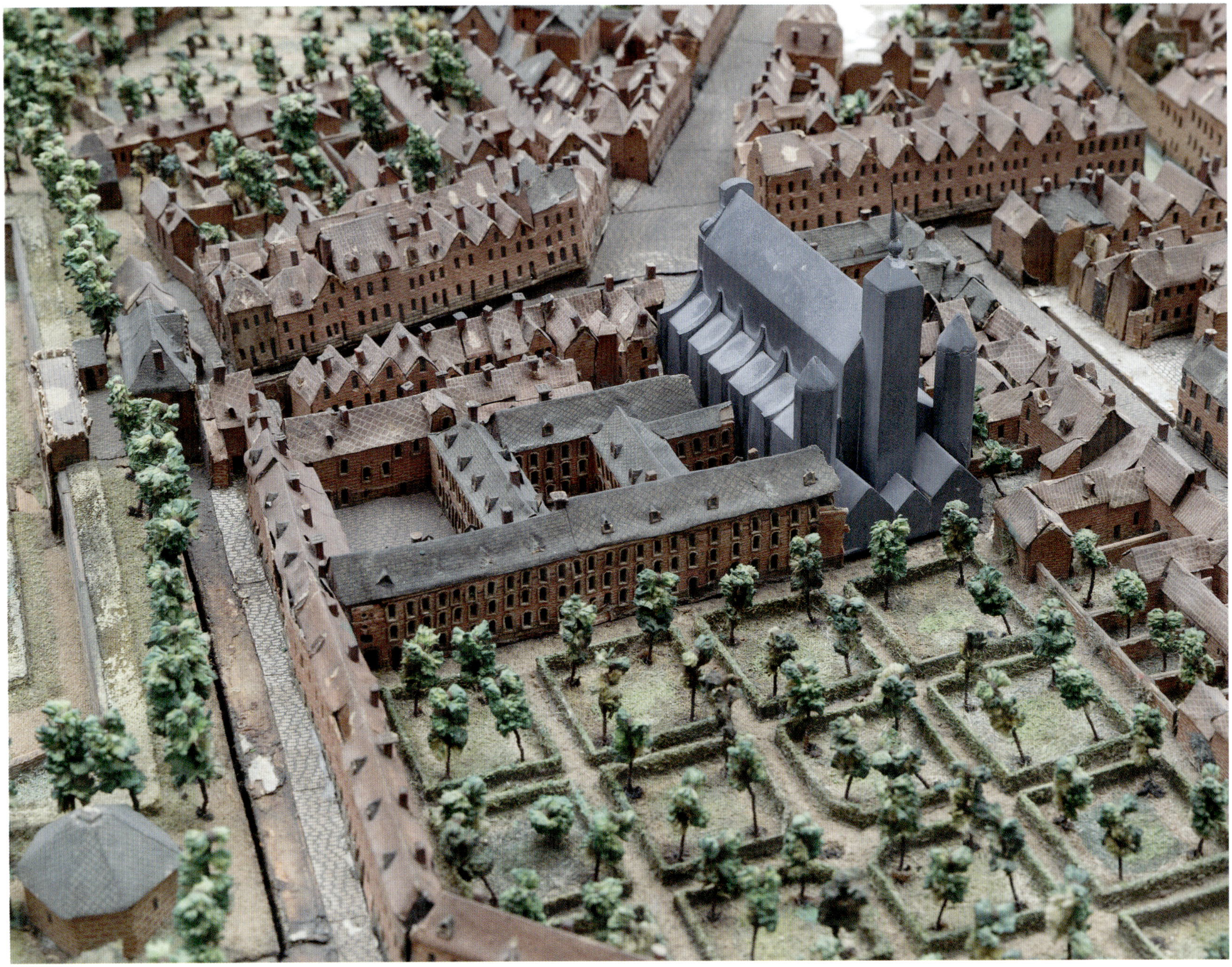

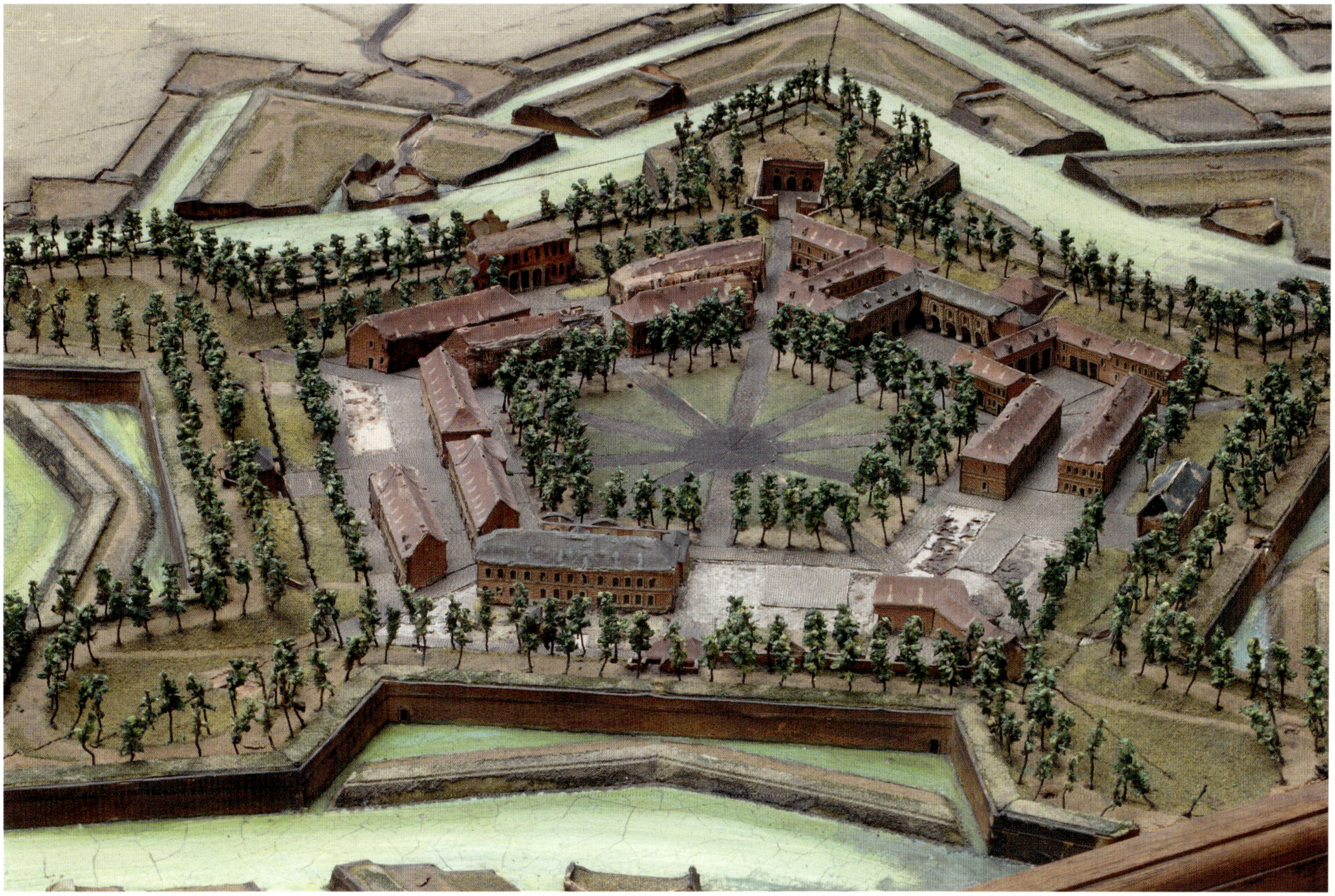

Le plan-relief de Lille fait partie des maquettes enlevées par les Prussiens en 1815. Il est récupéré en 1948 à Berlin fortement détérioré ; il a notamment été amputé de ses tables de campagne, supprimées vers 1900 pour pouvoir l'accrocher au mur de l'Arsenal.

Au cours de la restauration du plan-relief de Lille menée dans les années 1990, de petites maquettes en plomb ont été réalisées pour évoquer les principaux monuments disparus lors du séjour du plan-relief à Berlin. On voit ici l'exemple de la chapelle du couvent des Carmes-Déchaussés.

Vue de la citadelle de Lille figurant l'état de ses ouvrages défensifs en 1743.

Détail, dans la rue de la Barre à Lille, de la façade de la chapelle du couvent des Madelonnettes, avec son pignon semi-circulaire.

Vue du canal de la Quenette et de ses nombreux ponts.

Page de droite

Vue de la motte Madame, aujourd'hui occupée par la cathédrale Notre-Dame-de-la-Treille.

Audenarde

Le plan-relief d'Audenarde (1745-1747) fut réalisé après la brève reconquête de la ville par Louis XV pendant la guerre de Succession d'Autriche. Pour faire ressortir les principaux bâtiments, tel le château en ruine de Pamele, l'ingénieur Nézot a choisi de les représenter à l'échelle 1/500, plus détaillée. C'est aussi un rare exemple de plan-relief animé par la présence de bateaux à fond plat qui sillonnent l'Escaut.

Vue de l'hôtel de ville.

Détail d'un moulin à aubes, aménagé sur l'un des bras de l'Escaut qui traverse la ville.

Vue du village de Lupeghem (abords d'Audenarde), dont le nom figure sur une plaque de laiton apposée sur la maquette. De la paille est utilisée pour représenter les toits de chaume des maisons.

Le plan-relief d'Audenarde est l'un des plus raffinés de la collection. Il présente des éléments de décor somptueux, comme son cartouche de titre de style rocaille, porté par un animal marin et entouré de trophées d'armes.

Le plan-relief de Strasbourg fut construit de 1830 à 1836 pour remplacer la maquette du XVIIIe siècle prise par les Prussiens en 1815 et aujourd'hui conservée au musée historique de Strasbourg.

Le plan-relief a été fortement remanié de 1853 à 1862 pour y faire figurer les nouveaux équipements de la ville, comme la voie de chemin de fer, la gare ou l'usine à gaz, reconnaissable à ses bâtiments cylindriques.

Détail du centre-ville de Strasbourg. Au premier plan, le barrage Vauban enjambe l'Ill. Il s'agit d'un pont-écluse aménagé dans un but défensif par l'ingénieur militaire à la fin du XVIIe siècle. Derrière se dressent les quatre tours fortifiées des ponts couverts, construits au XIIIe siècle sur les bras de l'Ill.

Besançon

Le plan-relief de Besançon, construit de 1720 à 1722, représente la puissante place forte aménagée par Vauban de 1674 à 1695. C'est l'un des premiers plans-reliefs où les principaux bâtiments sont réalisés à l'échelle 1/500, afin qu'ils se détachent du reste de la ville. Il en est ainsi des casernes visibles au premier plan ou de l'église des Dames-de-Battant, reconnaissable à son dôme (page de droite).

Ci-dessus, à gauche

La citadelle, établie sur un éperon rocheux, domine la ville. Au premier plan se détachent les arbres du Champs de Mars (Chamars).

Ci-dessus

Détail de l'arc de triomphe élevé en 1691 à la gloire de Louis XIV, au débouché du pont de Battant. Il fut démoli en 1777 en raison de problèmes de fondation.

Forts et places de montagne

Les plans-reliefs des places de montagne font partie des plus spectaculaires de la collection. Représentant les sites fortifiés aménagés entre le XVIIe et le XIXe siècle pour verrouiller les passages des cols et des vallées du Jura, des Alpes ou des Pyrénées, ils associent la délicatesse de la figuration des villes à la prouesse technique de la restitution de paysages montagneux vertigineux.

Le plan-relief de Grenoble représente le site peu après l'importante campagne de fortification menée de 1822 à 1836. Un fort, appelé la Bastille, est établi au sommet du mont Rachais qui surplombe le cours de l'Isère et une nouvelle enceinte bastionnée protège la ville tout en permettant son extension.

Détails du centre-ville, compris dans la première enceinte bastionnée construite en 1591. En bordure de l'Isère, on distingue la citadelle de plan carré construite par Lesdiguière.

Briançon

Le plan-relief de Briançon a été réalisé sur place, de 1731 à 1736, au moment où s'achevait la construction de la chaîne de forts conçus pour protéger la ville : les forts Dauphin, d'Anjou, des Salettes, du Randouillet et des Têtes.
Les cinquante tables qui composent la maquette, dont certaines mesurent plus de deux mètres de hauteur, ont été mises en caisses et descendues à dos de mulet jusqu'à Grenoble, avant d'être transportées jusqu'à Louis XV, à Versailles, à Fontainebleau ou à Saint-Germain-en-Laye.

LEBRUN

Détail de la ville
de Briançon.
À sa droite est représenté
le pont d'Asfeld
qui enjambe la vallée
encaissée de la Durance.

Fenestrelle

Créé en 1757, le plan-relief de Fenestrelle faisait partie de la collection du roi de Piémont-Sardaigne, prise par les armées napoléoniennes en 1809. La maquette représente la gigantesque forteresse piémontaise construite à partir de 1728. Surnommée la « muraille des Alpes », elle est composée de trois forts et de sept redoutes reliés par d'imposantes murailles échelonnées sur 3 kilomètres et plus de 600 mètres de dénivelé.

Villefranche-de-Conflent

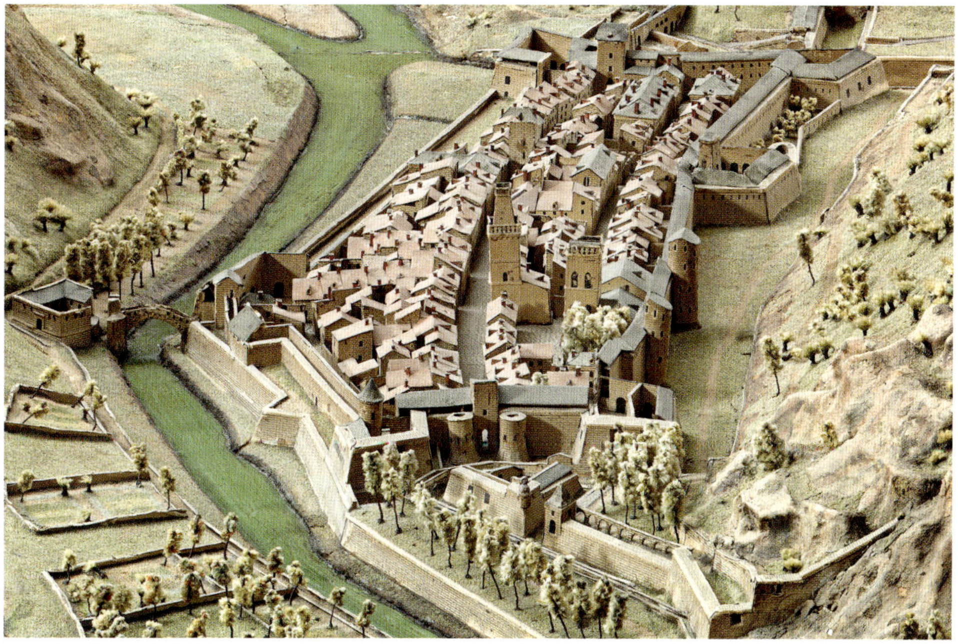

Le plan-relief de Villefranche-de-Conflent, construit en 1701 au début de la guerre de Succession d'Espagne, présente l'état des défenses du site qui contrôlait les voies de communication entre la Catalogne et le Roussillon. La maquette permet de comprendre d'emblée l'aménagement des lieux : l'enceinte médiévale a été renforcée par l'ajout de fronts bastionnés et par la construction du fort Liberia sur une hauteur. À gauche de la ville, on devine les ouvertures de tir d'une grotte aménagée en ouvrage défensif par Vauban.

La défense des côtes

Les plans-reliefs des sites côtiers sont les plus contrastés, tant par la diversité des aménagements représentés que par leurs dimensions, comprises entre 1 et 160 m². Les maquettes de la Manche et du littoral atlantique reflètent la politique mise en œuvre de Louis XIV à Napoléon III pour faire face aux puissances maritimes d'Angleterre et de Hollande. Celles du littoral méditerranéen offrent un panorama des aménagements réalisés de François Ier à Louis XV pour défendre les côtes provençales.

Antibes

D'une surface de 17 m², ce plan-relief est un témoignage de l'aspect d'Antibes et de ses environs au milieu du XVIIIe siècle. Enceinte bastionnée, portes de ville et diversité des cultures ont progressivement disparu avec l'urbanisation.

Vue de la porte Royale.

Vue du fort Carré, construit au XVIe siècle.

Détail de la citadelle,
construite dans la première
moitié du XVIIe siècle sur
la colline dominant la ville,
devenue place forte royale.

Vue générale du plan-relief, réalisé vers 1716.
Déserté au cours du XVe siècle, le petit port de Saint-Tropez a été repeuplé par une colonie piémontaise à partir de 1472, pour assurer la sécurité de la côte face aux pirates et aux Barbaresques.
La maquette représente le détail des maisons enserrées dans l'enceinte urbaine cantonnée de tours, aménagée au XVIe siècle.

Le Palais et la citadelle de Belle-Île

Le plan-relief, réalisé au début du XVIIIe siècle, figure le bourg du Palais et la citadelle royale de Belle-Île quelques années après l'achèvement des travaux de fortifications dirigés par Vauban.

Cherbourg et sa digue

Détail de l'entrée de la rade de Cherbourg. Au premier plan, le fort de l'île Pelée et, à l'arrière, le fort de l'Est, construit à l'extrémité de la digue aménagée pour créer une rade capable d'accueillir de nombreux navires militaires.

Le plan-relief de Cherbourg est le plus grand de la collection, avec une superficie de 160 m², à laquelle s'ajoutent les éléments qui composent la digue fermant le port (15,6 m²). Construit à partir de 1813, il a été largement actualisé et agrandi de 1863 à 1872, pour représenter avec précision les détails de la ville, de l'arsenal fortifié, de la digue et des forts avancés assurant la protection du plus grand port militaire français de la Manche face à l'Angleterre.

Vue de l'arsenal de Cherbourg, commencé sous Napoléon Ier et achevé sous Napoléon III. Détail des cales de construction des navires.

Plans-reliefs commémoratifs

Un petit nombre de plans-reliefs ont été construits dans un but politique et pédagogique. Ils permettaient de commémorer des événements militaires majeurs, mais aussi d'étudier la stratégie ayant conduit à la victoire en restituant les travaux d'approche des armées.

Ce plan-relief commémore la prise par les Français en 1691 de Montmélian, l'une des plus puissantes forteresses savoyardes.

La maquette, réalisée en 1693, restitue l'ampleur des destructions occasionnées par le siège. Les ruines du village sont visibles au pied de la citadelle.

Ci-dessus

Les impacts des boulets sont représentés sur la forteresse, comme l'éboulement de la demi-lune protégeant son entrée.

Rome

Le plan-relief du siège de Rome a été réalisé de 1849 à 1852. Il commémore le siège de la ville mené par les Français pour défendre le pape face aux armées républicaines du général Garibaldi. La maquette représente une grande partie du quartier du Trastevere, sur la rive droite du Tibre.

Ci-dessus

Détail de la fontaine dell'Acqua Paola, au sommet du Janicule. À l'arrière, on distingue les tranchées et les batteries de canons des armées républicaines.

Ci-contre

Vue de la villa Savorelli, en partie détruite par les bombardements français. Elle servait de quartier général à Garibaldi pendant le siège.

SAVOIRS AU-DELÀ...

La fabrication des plans-reliefs

Topographes en train d'effectuer des levés de terrain à la planchette [a], à l'aide d'une lunette de visée [b], d'une mire [c] et d'une chaîne d'arpenteur [d] (musée des Plans-Reliefs, archives).

À l'origine de la collection, les maquettes sont exécutées sous la direction d'ingénieurs militaires travaillant autant à l'édification des fortifications des places fortes françaises qu'à la fabrication de plans-reliefs. Chaque ouvrier utilisait alors sa propre méthode. Il en résulte une grande variété des formes et des techniques de construction. Ces techniques sont connues grâce aux restaurations et aux réparations entreprises au cours des siècles sur les maquettes, et à leurs descriptions faites par Vauban ou par les conservateurs des plans-reliefs à partir du XVIIIe siècle. Guislain Joseph Gengembre, dans un mémoire datant de 1801, indique que « la rapidité avec laquelle on construisait ces plans se fait remarquer dans leur exécution : la menuiserie mal faite, le relief en carton cloué sur de légers tasseaux incapables de résister aux moindres chocs et susceptibles de changer de forme suivant les différents degrés de sécheresse ou d'humidité. Au lieu de la soie, on employait la laine pour représenter les cultures et les gazons : les mites avaient tout rongé ». En outre, si la figuration des fortifications reste plus soignée, les premiers plans-reliefs pèchent souvent par inexactitude ou simplification des représentations urbaines. Aussi Vauban proposait-il dans son inventaire de 1697 de détruire soixante « reliefs anciens qui ne vallent rien », étant « à refaire en plus grand », considérés « trop chiffon », inexacts ou trop abîmés.
Sous l'impulsion de l'ingénieur Jean-François Montaigu, auteur entre 1682 et 1707 de trente-deux plans-reliefs, les techniques de construction sont codifiées et l'échelle unique du 1/600 adoptée. Une échelle plus détaillée est cependant utilisée pour reproduire des sites moins étendus comme les forts isolés (1/95 pour le château d'If ou 1/183 pour le fort Saint-Nicolas de Marseille) ou les plans-reliefs commémoratifs (1/411 pour Montmélian).
Par la suite, des générations d'ingénieurs recherchent les matériaux les mieux adaptés à la pérennité des plans-reliefs mais aussi au traitement plus réaliste des campagnes et des architectures. Ce sont les techniques de construction en vigueur au XIXe siècle que nous connaissons le mieux aujourd'hui.
Jusqu'au milieu du XVIIIe siècle, les plans-reliefs sont réalisés dans les localités représentées, puis démontés et acheminés jusqu'à Paris. Les municipalités devaient mettre à la disposition des ingénieurs militaires et de leurs équipes (dessinateurs, géographes, menuisiers, etc.), logés chez l'habitant, un local pouvant servir d'atelier.
En 1743, deux ateliers entièrement consacrés à la construction des plans-reliefs s'ouvrent à Béthune et à Lille. Ces ateliers fusionnent en un seul établissement installé au Louvre en 1756, puis aux Invalides à partir de 1777, en même temps que la collection.
Très vite, l'atelier forme en interne ses propres ouvriers, spécialisés dans l'exécution des plans-reliefs. En 1833, Bonnet, conservateur de la galerie, relate son mode de fonctionnement dans un *Mémoire historique sur la galerie des Plans Reliefs*. Les aspirants ingénieurs géographes, âgés de quatorze à seize ans, doivent justifier de connaissances en mathématiques et en géométrie, d'une grande habileté manuelle et savoir dessiner au trait et au lavis. Une fois intégrés au personnel

L'atelier de fabrication des plans-reliefs au début du XXe siècle (musée des Plans-Reliefs, archives). L'artiste topographe entreprend de finaliser le plan-relief de Metz, resté inachevé au moment du déclenchement de la guerre de 1870.

de la galerie pour plusieurs années de formation, les élèves artistes topographes reçoivent de la part des ingénieurs en poste l'enseignement des règles de la géométrie descriptive. Devenus ingénieurs géographes, ils effectuent sur place l'ensemble des relevés nécessaires à la confection des maquettes. De retour à la galerie, ils fabriquent les plans-reliefs, secondés par les élèves topographes et les menuisiers modeleurs, corps de métier également formé au sein de l'atelier. La centralisation de l'atelier de construction a favorisé la spécialisation des artistes et ouvriers et la mise en place de véritables dynasties de maquettistes – les familles Gengembre au XVIIIe siècle et Boitard au XIXe siècle – qui œuvrent au perfectionnement des techniques de réalisation des plans-reliefs.
La fabrication d'un plan-relief démarre par l'exécution des relevés, en plan et en élévation, nécessaires à la représentation de la place et de ses environs. Toute information renseignant l'architecture, la topographie des lieux et le paysage est ainsi consciencieusement notée. Des aquarelles sont réalisées afin de rendre compte de la couleur des lieux et parfois, lors de la confection du plan-relief de Grenoble par exemple, des échantillons de sable et de roches sont prélevés pour restituer fidèlement les paysages. Ces documents graphiques préparatoires ne sont conservés que depuis la Révolution.
En raison de leur grande taille, les plans-reliefs sont constitués de plusieurs tables de bois. Dressé au 1/600 à partir des levés, un plan du site sert de patron pour l'exécution de ces tables dont le format est calculé de manière que les artistes puissent en atteindre aisément le centre. Ces panneaux se composent dans leur partie supérieure d'un assemblage de lames de bois de différentes épaisseurs, retaillées afin de restituer les accidents du relief dont les détails sont modelés avec du carton mâché. Les eaux sont figurées à la peinture à l'huile. La finition de la surface du sol est obtenue par pulvérisation de sable fin sur un lit de colle. Un flocage de soies teintées et finement hachées représente champs, prairies et espaces verts. De fines chenilles de soie entrelacées autour d'un fil de fer matérialisent les arbres.
Vers 1794, les artistes s'attachent à représenter avec réalisme les campagnes, les différents types de cultures, ainsi que la variété des essences d'arbres. Selon Gengembre, ces représentations rendaient compte à l'état-major des ressources disponibles autour d'une place forte.
Les éléments d'architecture des villes, villages ou hameaux environnants sont taillés dans des blocs de tilleul, recouverts de papiers gravés ou peints imitant la texture des matériaux

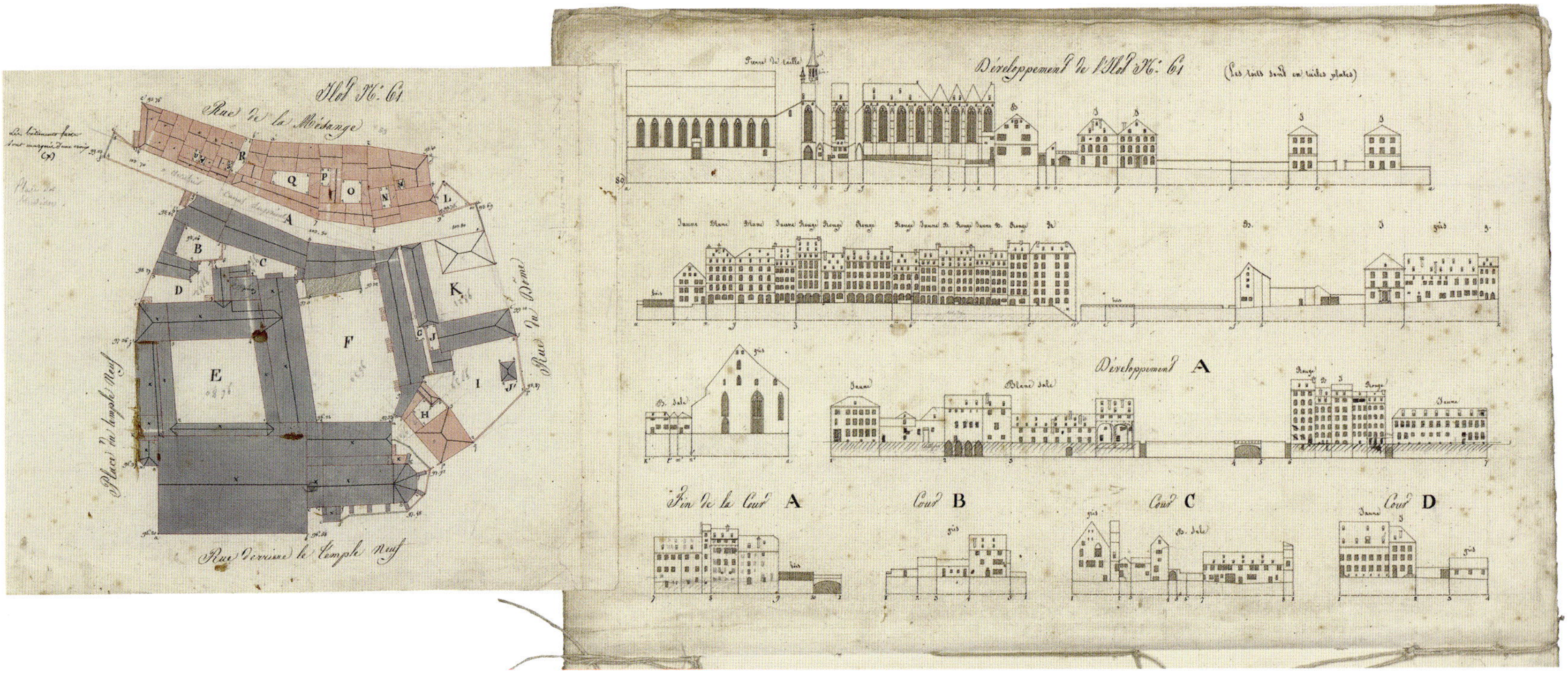

Planche d'un cahier de développement du plan-relief de Strasbourg, 1830-1836 (musée des Plans-Reliefs, archives). Les cahiers de développement regroupent les dessins des élévations de tous les bâtiments des villes, villages, fermes isolées, châteaux, statues… Ces relevés, réalisés à l'échelle des plans-reliefs, indiquent aussi la nature et les couleurs des matériaux employés. Ils ne sont conservés que pour les plans-reliefs du XIXe siècle.

de construction, puis disposés sur les tables. Les ouvertures sont découpées à l'emporte-pièce et rapportées, comme les cheminées ou les fenêtres. Une fois habillées, les tables de chaque plan-relief sont assemblées entre elles, à la manière d'un puzzle, au moyen d'un ensemble de barres ; elles reposent sur un piétement de bois tourné, spécialement conçu pour chaque maquette. Afin que les raccords entre les pièces ne soient pas trop visibles, leurs contours épousent les lignes des éléments paysagers, routes, cours d'eau ou limites de champs.

Aquarelle restituant les ambiances des paysages au niveau du Rhin et du pont de Kehl pour la fabrication du plan-relief de Strasbourg (musée des Plans-Reliefs, archives).

Épure de la table 1 du plan-relief de Strasbourg (musée des Plans-Reliefs, archives). Les épures correspondent aux « patrons » de chacune des tables composant la maquette. Les éléments construits et paysagers relevés sur les lieux y sont figurés en plan, ainsi que les courbes de niveau du terrain.

Assemblage des différentes tables composant le plan-relief de Bergues.

Conserver et restaurer les plans-reliefs

La diversité des matériaux employés dans la confection des plans-reliefs est à l'origine de la fragilité des œuvres. La lumière efface les couleurs des papiers, cartons et soies, aussi particulièrement sensibles à la poussière. Le bois est, quant à lui, la proie des insectes xylophages. D'autres dégradations proviennent de la nature des locaux ayant accueilli la collection au cours des siècles. Outre les infiltrations d'eau dues à l'entretien irrégulier des couvertures des édifices, les plans-reliefs ont souffert des variations thermiques des combles du Louvre puis des Invalides : les bois se dessèchent, se fendent ou se voilent, des moisissures s'installent en présence d'un taux d'humidité trop important et les fils de fer torsadés des arbres et des haies rouillent. Aujourd'hui encore, les déménagements altèrent les plans-reliefs dont la manipulation doit être effectuée avec précaution. Afin de préserver au mieux la collection, il convient donc d'agir sur les œuvres et sur leur environnement. Ce principe a été déterminant pour l'aménagement du musée : les plans-reliefs sont installés au centre de grandes cages en verre dont la climatisation maintient une hygrométrie et une température constantes, tout en limitant l'empoussièrement des maquettes. L'extrême sensibilité à la lumière des matériaux qui composent les plans-reliefs impose un éclairement limité à 50 lux, cette contrainte expliquant la pénombre entourant les maquettes exposées. Afin d'offrir un meilleur confort de visite et une meilleure contemplation des œuvres, un nouveau type d'éclairage est progressivement installé dans le musée depuis 2015. Il permet de restituer au mieux les couleurs et les reliefs des maquettes, tout en améliorant leur conservation. L'intervention directe sur les plans-reliefs s'avère plus délicate. Dès l'origine de la collection, ces objets à usage stratégique étaient réactualisés au gré des modifications apportées à la topographie des sites : tracé des fortifications, routes et ponts nouveaux ou, au XIXe siècle, tracé des voies de chemin de fer. Les tables composant les maquettes étaient alors grattées à vif puis habillées d'un nouveau décor, technique également utilisée pour restaurer les plans-reliefs. Il était aussi habituel lorsqu'une maison ou un monument venaient à disparaître de les remplacer par un édifice provenant d'une autre maquette ou d'en réaliser un nouveau, sans recherche documentaire préalable. Cette méthode était destinée à masquer les manques apparents sur un plan-relief et non pas à répondre à un souci de véracité. Des opérations plus douces étaient aussi pratiquées, comme le nettoyage par soufflage des plans-reliefs, qui ravivait les couleurs mais, en revanche, faisait disparaître avec la poussière une partie du flocage de soie fragilisé par le temps. Malgré l'arrêt de la production de plans-reliefs en 1870, ces techniques de restauration continuèrent à se transmettre. Elles ne sont plus utilisées de nos jours, car la politique menée tend désormais à préserver l'authenticité des maquettes : les éléments d'origine sont conservés autant que possible, par collage, micro-aspiration et nettoyage.

Surface d'eau, traitée à la peinture à l'huile, en cours de nettoyage afin de retirer la crasse accumulée au fil des siècles au-dessus du vernis.

Plan-relief de Saint-Tropez en cours de restauration (2016). Des poids, faits de sachets de microbilles, maintiennent pendant le séchage les éléments consolidés. Des retouches comblent les éclats et les manques présents sur la surface de la mer.

Les éléments mobiles, souvent hauts de quelques millimètres, comme ici une haie composée de chenilles de soie teintée, sont recollés avec minutie. Pinceaux fins, pinces, colles naturelles ou adhésifs synthétiques réversibles sont utilisés.

La poussière qui recouvre les plans-reliefs est retirée par micro-aspiration à l'aide d'embouts adaptés aux surfaces à traiter.

CATALOGUE DE LA COLLECTION

Ce catalogue présente l'ensemble des plans-reliefs des anciens forts et villes fortifiées conservés dans la collection. Les plans-reliefs des sites aujourd'hui français sont classés par ordre alphabétique. Les maquettes des villes étrangères sont ensuite regroupées par pays.
Chaque maquette a fait l'objet d'une notice donnant des informations relatives au plan-relief : auteur ou ingénieur ayant dirigé sa construction (lorsqu'il est connu), dates de construction et de restauration, échelle, dimensions et nombre de tables le composant.
Les matériaux de construction étant toujours les mêmes (bois, papier, soie, métal, peinture), ils ne figurent dans les notices qu'en cas d'exception. Les lieux de conservation et d'exposition des œuvres ont également été signalés ; en l'absence de mention, le plan-relief se trouve en réserve à Paris.
L'ensemble des reliefs d'étude, cartes en relief et vues de bataille, d'une nature différente du reste de la collection, n'a pas été inventorié ici, de même que les maquettes de Bitche (XVIIIe siècle), de Strasbourg (XVIIIe siècle) et de Landau, sorties des collections en 1815, et celles d'Arras, de Douai et des Invalides, au début du XXe siècle.

1

13

16

Plans-reliefs des places françaises

1. **Aire-sur-la-Lys** (Pas-de-Calais)
   Nicolas de Nézot (dir.), 1743 ;
   restauré en 1780 et en 1949-1950
   1/600 – 5,90 × 4,61 m
   15 tables
   En dépôt au palais
   des Beaux-Arts de Lille

2. **Antibes** (Alpes-Maritimes)
   Nicolas de Nézot, ingénieur (dir.),
   1754 ; restauré en 1828, 1921,
   et de 1949 à 1953
   1/600 – 4,77 × 3,55 m
   10 tables
   Exposé au musée des Plans-Reliefs

3. **Auxonne** (Côte-d'Or)
   1677 ; réparé et mis à jour
   en 1771, restauré en 1906
   1/600 – 2,48 × 1,84 m
   1 table

4. **Avesnes-sur-Helpe** (Nord)
   1826
   1/600 – 7,53 × 5,35 m
   18 tables
   Cahiers de développement
   conservés
   En dépôt au palais
   des Beaux-Arts de Lille

5. **Fort Balaguier** (Var)
   1800 ; réparé en 1826
   1/216 – 0,49 × 0,41 m
   1 table
   Cahiers de développement
   conservés
   Exposé au musée des Plans-Reliefs

6. **Fort Barraux** (Isère)
   1693 ; complété en 1818,
   restauré en 1920
   1/600 – 4 × 4,50 m
   9 tables

7. **Bayonne** (Pyrénées-Atlantiques)
   Léon Leymonnerie et les frères
   Boitard (dir.), artistes
   topographes, 1819-1822,
   réparé en 1948
   1/600 – 6,62 × 8,52 m
   28 tables
   Cahiers de développement
   conservés
   Exposé au musée des Plans-Reliefs

8. **Belfort** (Territoire de Belfort)
   Jean-Baptiste Larcher
   d'Aubencourt (dir.)
   et Jean-Philippe Gengembre,
   ingénieurs, 1755 ;
   mis à jour en 1818,
   restauré en 1948 et 1968
   1/600 – 4,91 × 4,27 m
   8 tables

9. **Bergues** (Nord)
   1699 ; réparé vers 1771
   1/600 – 4,63 × 3,82 m
   6 tables
   En dépôt au palais
   des Beaux-Arts de Lille

10. **Besançon** (Doubs)
    François de Ladevèze (dir.),
    ingénieur, 1720-1722 ;
    restauré en 1762 et 1792,
    remis à jour à la fin du XIXe siècle,
    puis de nouveau restauré
    en 1948 et 1967
    1/600 – 6,21 × 4,30 m
    9 tables
    Cahiers de développement
    conservés pour la mise à jour
    du XIXe siècle

11. **Bitche** (Moselle)
    1825-1828 ; restauré
    et mis à jour en 1853
    Remplace le plan-relief pris
    par les Prussiens en 1815, rendu
    à la ville de Bitche au début
    du XXe siècle, aujourd'hui
    conservé au musée municipal
    1/600 – 6 × 5,03 m
    14 tables
    Cahiers de développement
    conservés

12. **Blaye** (Gironde)
    1703 ; réparé en 1772
    et 1949-1953
    1/600 – 4,06 × 3,16 m
    6 tables
    Exposé au musée des Plans-Reliefs

13. **Blaye, fort Pâté** (Gironde)
    Vers 1703 ; réparé en 1770,
    1920 et 1983
    1/187 – 1,67 × 1,32 m
    1 table
    Exposé au musée des Plans-Reliefs

14. **Bordeaux, Château-Trompette**
    (Gironde)
    1705 ; restauré en 1911, 1954
    et 1965
    1/200 – 2,36 × 2,00 m
    1 table, pièces amovibles
    Exposé au musée des Plans-Reliefs

15. **Bouchain** (Nord)
    François de Ladevèze (dir.),
    ingénieur, 1715 ; réparé en 1769
    et 1920
    1/600 – 4,50 × 2,95 m
    5 tables

16. **Brest** (Finistère)
    Martin Boitard (dit Boitard
    l'aîné), artiste topographe,
    1807-1811 ; réparé en 1946
    1/600 – 16,45 × 7,93 m
    31 tables
    Cahiers de développement
    conservés

18

19

27

17. **Briançon** (Hautes-Alpes)
Colliquet et Nicolas de Nézot (dir.), ingénieurs, 1731-1736 ; réparé en 1785, mise à jour des ouvrages extérieurs au XIXe siècle
1/600 – 7,90 × 5,56 m
50 tables

18. **Calais** (Pas-de-Calais)
1691 ; réparé en 1774, restauré et mis à jour en 1833
1/600 – 7,53 × 4,63 m
6 tables
En dépôt au palais des Beaux-Arts de Lille

19. **Citadelle de Calvi** (Corse)
Gott, adjoint du génie, 1887 ; restauré en 1978
1/600 – 1,43 × 1,43 m
1 table
Exposé au musée des Plans-Reliefs

20. **Camp de Châlons** (Marne)
1867 ; restauré en 1920
1/500 – 1,23 × 1,45 m
1 table

21. **Le Château-d'Oléron** (Charente-Maritime)
Jean-François de Montaigu (dir.), ingénieur, 1703 ; réparé en 1772, 1828, 1920 et 1936
1/600 – 4,56 × 3,59 m
6 tables
Exposé au musée des Plans-Reliefs

22. **Cherbourg et sa digue** (Manche)
Martin Boitard (dit Boitard l'aîné), artiste topographe, 1813-1819 ; mis à jour par Léon Leymonnerie et Édouard Boitard (dit Boitard fils), artiste topographe, 1863-1872 ; réparé de 1946 à 1948
1/600 – 16,91 × 9,46 m
49 tables
Cahiers de développement conservés

23. **Cherbourg, fort Chavagnac** (Manche)
1866-1867
1/100 – 1,53 × 1,22 m
1 table ; pièces amovibles
Exposé au musée des Plans-Reliefs

24. **Embrun** (Hautes-Alpes)
Vers 1701 ; réparé en 1783, 1792 et 1912, complété en 1952
1/600 – 3,43 × 3,37 m
6 tables

25. **Fort-les-Bains** (Pyrénées-Orientales)
1691 ; réparé en 1816
1/600 – 1,61 × 1,12 m
1 table
Exposé au musée des Plans-Reliefs

26. **Fort-l'Écluse** (Ain)
Deux plans-reliefs ont été construits
Cahiers de développement conservés
a. Joseph Toussaint Boitard, dit Boitard Père (dir.), artiste topographe, 1832-1841 ; réparé en 1867 et 1910
1/600 – 3,50 × 2,55 m
2 tables
b. Joseph Toussaint Boitard, dit Boitard Père (dir.), artiste topographe, 1844
1/200 – 2,17 × 0,80 m
1 table ; pièces amovibles

27. **Gravelines** (Nord)
Nicolas de Nézot (dir.) et Lusca, ingénieurs
Vers 1756 ; réparé en 1771 et 1819
1/600 – 4,64 × 3,82 m
7 tables
En dépôt au palais des Beaux-Arts de Lille

28. **Grenoble** (Isère)
Léon Leymonnerie (dir.), artiste topographe, 1839-1848
1/600 – 8,20 × 7,25 m
28 tables
Cahiers de développement conservés

29. **Ham** (Somme)
Detrimont, commandant de la place (dir.), 1842 ; mis à jour en 1854, restauré en 1920 et 1976
1/200 – 2,05 × 1 m
1 table

30. **Huningue** (Haut-Rhin)
Jean-Baptiste Larcher d'Aubencourt (dir.) et Jean-Philippe Gengembre, ingénieurs, 1753 ; réparé en 1770, 1804, très abîmé en 1839 (seule une table subsiste), restauré en 1920 et 1988-1990
1/600 – 1,88 × 2 m
1 table

31. **Fort de Joux** (Doubs)
1677 ; vestige d'un plan-relief détruit en 1849
1/600
1 fragment représentant le fort

32. **Forts de Joux et du Larmont** (Doubs)
1826 ; restauré et mis à jour en 1868
1/600 – 3,48 × 1,76 m
2 tables
Cahiers de développement conservés

33. **Fort Lagarde** (Pyrénées-Orientales)
1691 ; réparé en 1816
1/600 – 1,67 × 1,07 m
1 table
Exposé au musée des Plans-Reliefs

34. **Landrecies** (Nord)
François de Ladevèze (dir.), ingénieur, 1723 ; restauré en 1766, 1816 et 1986
1/600 – 3,88 × 2,90 m
5 tables

35

41

43

35. **Laon** (Aisne)
Léon Leymonnerie (dir.), artiste topographe, 1854-1858 ; mis à jour en 1867, restauré en 1918 et 1964
1/600 – 5,25 × 3,85 m
13 tables
Cahiers de développement conservés

36. **Îles de Lérins** (Alpes-Maritimes)
1728 ; restauré en 1816 et 1920
1/2 200 pour la campagne et 1/1 174 pour les forts
1,62 × 1,41 m
1 table
Exposé au musée des Plans-Reliefs

37. **Lille** (Nord)
Nicolas de Nézot (dir.), 1740-1743 ; réparé vers 1774
1/600 – 4,65 × 4,05 m
10 tables
En dépôt au palais des Beaux-Arts de Lille

38. **Marsal** (Moselle)
1834-1839 ; mis à jour en 1859-1860, réparé en 1925
1/600 – 6,57 × 4,82 m
15 tables
Cahiers de développement conservés

39. **Marseille, château d'If** (Bouches-du-Rhône)
1681 ; restauré en 1816
1/95 – 1,58 × 1,39 m
1 table
Exposé au musée des Plans-Reliefs

40. **Marseille, fort Saint-Nicolas** (Bouches-du-Rhône)
Vers 1754 ; réparé en 1816
1/183 – 1,46 × 1,34 m
1 table
Exposé au musée des Plans-Reliefs

41. **Metz** (Moselle)
1821-1825 ; mise à jour inachevée (la végétation et des îlots d'habitation manquent) réalisée de 1870 à 1879, puis en 1919-1920
1/600 – 9,22 × 7,50 m
30 tables
Cahiers de développement conservés

42. **Col du Mont-Cenis** (Savoie)
1812-1819 ; restauré en 1851 et 1948
1/5 000 – 2,56 × 2,22 m
2 tables

43. **Mont-Dauphin** (Hautes-Alpes)
Vers 1709 ; restauré et partiellement mis à jour vers 1763, au XIXᵉ siècle et en 1947
1/600 – 3,42 × 2,90 m
4 tables

44. **Montmélian** (Savoie)
1693 ; réparé en 1790, 1920 et 1948
1/411 – 4,61 × 4,12 m
12 tables

45. **Le Mont-Saint-Michel** (Manche)
Avant 1691, moines de l'abbaye ; donné à la galerie des Plans-Reliefs en 1709 ; réparé en 1772, 1947, 1955 et 1988-1990
1/144 – 2,30 × 1,66 m
1 table, 4 façades mobiles
Exposé au musée des Plans-Reliefs

46. **Fort du Mont-Valérien** (Hauts-de-Seine)
Maquette réalisée pour l'instruction du comte de Paris
1844 ; restauré en 1928
1/500 – 2,20 × 2,10 m
1 table
Cahiers de développement conservés

47. **Neuf-Brisach** (Haut-Rhin)
Jean-François de Montaigu (dir.), ingénieur, 1703-1706 ; restauré en 1782 et 1936
1/600 – 4,50 × 3,40 m
5 tables

48. **Fontaine de Nîmes** (Gard)
Bernard, capitaine d'infanterie, 1842
1/50 – 1,02 × 0,98 m
1 table, pièces amovibles

49. **Le Palais et la citadelle de Belle-Île** (Morbihan)
Tessier de Derville (dir.), 1794 ; restauré en 1813 et 1920
1/600 – 2,43 × 2,43 m
2 tables
Exposé au musée des Plans-Reliefs

50. **Perpignan** (Pyrénées-Orientales)
Jacques Laurens (dir.), ingénieur, 1686 ; mis à jour vers 1755, restauré en 1945 et 1985-1986
1/600 – 4,86 × 4,63 m
8 tables
Exposé au musée des Plans-Reliefs

51. **Fort de la Prée** (Charente-Maritime)
Jean-François de Montaigu (dir.), ingénieur, 1703 ; réparé vers 1711
1/600 – 2,40 × 1,72 m
1 table
Exposé au musée des Plans-Reliefs

52. **Fort de la Rade, île d'Aix** (Charente-Maritime)
Trois modèles issus de la collection du marquis de Montalembert ; acquis par le musée en 1801
a. Partie de l'île avec le nouveau fort en bois et projet de défense du côté terre
Pirot (dir.), 1780
1/760 – 1,32 × 1,20 m
Exposé au musée des Plans-Reliefs
b. Nouveau fort de l'île d'Aix
Pirot (dir.), 1779
1/360 – 1,20 × 1,10 m
c. Fort en bois de l'île d'Aix
1785
1/100 – 1,36 × 1,36 m

54

62

64

53. **Fort des Rousses** (Jura)
Léon Leymonnerie (dir.), artiste topographe, 1859 ; achevé lors de sa restauration en 1913
1/600 – 4,46 × 4,05 m
11 tables
Cahiers de développement conservés

54. **Saint-Malo, fort de la Conchée**
(Ille-et-Vilaine)
1695 ; réparé en 1813 et 1955
1/72 – 2,09 × 1,59 m
1 table, pièces amovibles
Exposé au musée des Plans-Reliefs

55. **Saint-Martin-de-Ré**
(Charente-Maritime)
Jean-François de Montaigu (dir.), ingénieur, 1703 ; réparé en 1771, 1920 et 1936
1/600 – 5,36 × 3,73 m
7 tables
Exposé au musée des Plans-Reliefs

56. **Citadelle de Saint-Martin-de-Ré**
(Charente-Maritime)
David Niepce, commandant de la place de Saint-Martin-de-Ré, 1827 ; restauré en 1994 et 2015 ; entré dans les collections du musée en 1994
1/200 – 1,56 × 1,52 m
1 table
Exposé au musée des Plans-Reliefs

57. **Saint-Omer** (Pas-de-Calais)
Jean-Baptiste Larcher d'Aubencourt (dir.), Jean-Philippe Gengembre et Nicolas de Nézot, ingénieurs, 1758 ; réparé en 1812
1/600 – 10,65 × 5,74 m
35 tables

58. **Saint-Tropez** (Var)
Vers 1716 ; restauré en 1818 et 1920
1/600 – 1,58 × 1,50 m
1 table
Exposé au musée des Plans-Reliefs

59. **Sedan** (Ardennes)
Dumay (dir.), ingénieur, 1833-1841 ; partiellement remis à jour en 1851-1853, restauré en 1964
Remplace le plan-relief pris par les Prussiens en 1815
1/600 – 5,85 × 4,65 m
13 tables
Cahiers de développement conservés

60. **Strasbourg** (Bas-Rhin)
Joseph Toussaint Boitard, dit Boitard Père (dir.), artiste topographe, 1830-1836 ; restauré et mis à jour entre 1852 et 1863
Remplace un plan-relief réalisé de 1725 à 1728 par l'ingénieur Ladevèze, pris par les Prussiens en 1815, offert à la ville en 1903, aujourd'hui présenté à Strasbourg
1/600 – 10,86 × 6,65 m
30 tables
Cahiers de développement conservés

61. **Toul** (Meurthe-et-Moselle)
Léon Leymonnerie (dir.), artiste topographe, 1846-1861 ; adjonction du chemin de fer en 1858
1/600 – 6,66 × 5,83 m
20 tables
Cahiers de développement conservés

62. **Toulon** (Var)
Guislain-Joseph Gengembre (dir.), ingénieur, 1796-1800
1/600 – 6,61 × 4,26 m
13 tables
Cahiers de développement conservés
Exposé au musée des Plans-Reliefs

63. **Toulon, fort d'Artigues** (Var)
1800 ; réparé en 1826
1/216 – 0,49 × 0,41 m
1 table
Cahiers de développement conservés
Exposé au musée des Plans-Reliefs

64. **Toulon, fort Lamalgue** (Var)
1800 ; réparé en 1826
1/300 – 0,49 × 0,41 m
1 table
Cahiers de développement conservés
Exposé au musée des Plans-Reliefs

65. **Toulon, fort des Pomets** (Var)
Vers 1750 ; réparé en 1816
1/144 – 1,13 × 1,07 m
1 table
Cahiers de développement conservés
Exposé au musée des Plans-Reliefs

73

75

76

66. **Verdun** (Meuse)
Léon Leymonnerie (dir.), artiste topographe, 1848-1855 ; restauré en 1920 et 1965
1/600 – 7,50 × 7 m
28 tables
Cahiers de développement conservés

67. **Villefranche-de-Conflent** (Pyrénées-Orientales)
Jacques Laurens (dir.), ingénieur ; réparé vers 1776
1/600 – 4,20 × 3,25 m
9 tables
Exposé au musée des Plans-Reliefs

Plans-reliefs des places étrangères

Algérie

68. **Constantine**
Duclaux et Abadie, 1839-1851 ; restauré en 1994
1/200 – 8,10 × 3,20 m
Maquette en liège
56 tables

Allemagne

69. **Citadelle de Juliers** (Jülich, Rhénanie-du-Nord-Westphalie)
Gramet (dir.), garde du génie, 1802
1/800 – 1,29 × 1,18 m
1 table, pièces amovibles

70. **Philippsbourg** (Philippsburg, Bade-Wurtemberg)
Vers 1697-1698 ; réparé en 1791
1/600 – 6,62 × 4,35 m
10 tables

71. **Wesel** (Rhénanie-du-Nord-Westphalie)
Lusca, ingénieur, 1761
Vestiges d'un plan-relief détruit en 1926
1/600
2 fragments de l'intérieur de la ville

Belgique

72. **Anvers** (Antwerpen, Anvers)
Léon Leymonnerie (dir.), artiste topographe, 1833-1834
1/600 – 4,23 × 2,84 m
4 tables
Cahiers de développement conservés

73. **Ath** (Aat, Hainaut)
Après 1697 ; réparé en 1744, 1790 et à la fin du XIXe siècle
1/600 – 4,22 × 3,91 m
5 tables
En dépôt au palais des Beaux-Arts de Lille

74. **Audenarde** (Oudenaarde, Flandre-Orientale)
Nicolas de Nézot (dir.), ingénieur, 1747
1/600 – 5,53 × 4,22 m
11 tables
En dépôt au palais des Beaux-Arts de Lille

75. **Bouillon** (Bouyon, Luxembourg)
1689 ; réparé vers 1776
1/600 – 3 × 2,25 m
2 tables

76. **Charleroi** (Hainaut)
1695 ; réparé en 1789 et en 1949
1/600 – 4,05 × 3,44 m
4 tables
En dépôt au palais des Beaux-Arts de Lille

79

83

87

77. **Fort de la Kénoque** (Fort van Knokke, Flandre-Occidentale)
Jean-Baptiste Larcher d'Aubencourt (dir.) et Jean-Philippe Gengembre, ingénieurs, 1746 ; restauré en 1920
1/600 – 2,92 × 2,25 m
5 tables

78. **Menin** (Menen, Flandre-Occidentale)
1702 ; réparé vers 1787
1/600 – 5,45 × 3,78 m
6 tables
En dépôt au palais des Beaux-Arts de Lille

79. **Namur** (Namen, Namur)
Jean-Baptiste Larcher d'Aubencourt (dir.) et Jean-Philippe Gengembre, ingénieurs, 1747-1750 ; réparé en 1806 et en 1949
1/600 – 7,78 × 6,54 m
22 tables
En dépôt au palais des Beaux-Arts de Lille

80. **Nieuport** (Nieuwpoort, Flandre-Occidentale)
Vers 1698 ; réparé en 1778, 1910 et 1947
1/600 – 5,15 × 3,73 m
6 tables

81. **Ostende** (Oostende, Flandre-Occidentale)
1699 ; réparé en 1778
1/600 – 5,20 × 4 m
6 tables

82. **Tournai** (Doornik, Hainaut)
Jean-François de Montaigu (dir.), ingénieur, 1701 ; restauré en 1788, 1975 et 2018
1/600 – 6,50 × 5,86 m
11 tables
En dépôt au palais des Beaux-Arts de Lille

83. **Ypres** (Ieper, Flandre-Occidentale)
Tessier de Derville, Montaigu ? (dir.), ingénieurs 1701 ; restauré en 1789 et en 1949-1950
1/600 – 6,51 × 5,47 m
12 tables
En dépôt au palais des Beaux-Arts de Lille

Égypte

84. **Canal de Suez** (Ismaïlia, Port-Saïd, Suez)
Charles Muret (1839-1921), constructeur géographe à Paris, 1878 ; actualisé en 1900
Entré dans les collections du musée en 1910 par don de la Compagnie universelle du canal maritime de Suez
1/22 000 – 8,55 × 1,25 m
Bois peint, plâtre peint, poudre de soie et sable, textile, métal, pierres brillantes de couleur
4 tables

Espagne

85. **Rosas** (Catalogne)
Vers 1697 ; réparé en 1780
1/600 – 2,68 × 2,43 m
2 tables

Grèce

86. **Citadelle de Corfou** (Kérkyra, îles Ioniennes)
Denis Auguste Cocu, capitaine d'infanterie alors sur les lieux, 1810
1/820 – 0,72 × 0,53 m
1 table

Italie

87. **Exilles** (Piémont)
1695 ; réparé en 1790 et à la fin du XIXe siècle
1/600 – 3,82 × 2,22 m
7 tables

88. **Fenestrelle** (Piémont)
Marciot, ingénieur, 1757 ; réparé en 1811 et restauré en 1920
Provient de la collection du roi Victor-Amédée III de Piémont-Sardaigne confisquée par les Français en 1809
1/400 – 1,45 × 4,50 m
3 tables

89. **Rocca d'Anfo** (Lombardie)
Cluzel (dir.), sergent-major, 1804
1/250 – 1,48 × 1,52 m
1 table, pièces amovibles

90. **Rome** (Roma, Latium)
Léon Leymonnerie (dir.), artiste topographe, d'après les levers du lieutenant-colonel du Génie Leblanc, 1850-1852 ; quartiers du Borgo et du Trastevere
1/600 – 4,33 × 4,17 m
9 tables
Cahiers de développement conservés

91. **La Spezia** (Ligurie)
Trois plans-reliefs ont été construits
a. Capitaine Clerc (dir.), chef de la Brigade topographique, 1810-1811 ; réparé en 1920
1/1 000 – 7,53 × 4,04 m
11 tables
b. Capitaine Clerc (dir.), chef de la Brigade topographique, 1810-1811
Partie du précédent, avec décor complet
1/1 000 – 2,58 × 1,58 m
9 tables
c. Capitaine Clerc (dir.), chef de la Brigade topographique, 1811
Île Tino, dans le golfe de La Spezia
1/1 000 – 0,75 × 0,47 m
1 table

Luxembourg (grand-duché de)

92. **Luxembourg**
Martin Boitard, dit l'aîné (dir.), artiste topographe, 1802-1805 ; réparé en 1949
1/600 – 5,50 × 5,40 m
15 tables
Cahiers de développement conservés

92

93

94

Pays-Bas

93. **Berg-op-Zoom**
(Bergen op Zoom, Brabant-Septentrional)
Nicolas de Nézot (dir.), ingénieur, 1751 ; restauré en 1814-1815
1/600 – 10,20 × 6,55 m
27 tables

94. **Maastricht** (Limbourg)
Jean-Baptiste Larcher d'Aubencourt (dir.) et Jean-Philippe Gengembre, ingénieurs, 1752 ; réparé en 1803, restauré en 1976-1977
1/600 – 6,85 × 5,86 m
13 tables
En dépôt au palais des Beaux-Arts de Lille

Saint-Marin (république de)

95. **Saint-Marin** (San Marino)
Réaux, lieutenant d'Infanterie, 1889 ; construit en liège, pour l'Exposition universelle de Paris
1/1 000 pour la planimétrie, 1/250 pour l'altimétrie – 1,26 × 1 m
1 table

Ukraine

96. **Sébastopol** (Sevastopol, Crimée)
Faure, sapeur de la division du génie de la garde impériale, 1860-1861
Plan-relief réalisé à l'école régimentaire du génie à Versailles
1/2 000 – 3,16 × 2,30 m
18 tables

Bibliographie sélective

AUGOYAT, colonel Antoine Marie, « Notice historique sur la galerie impériale des Plans-Reliefs des places de guerre », *Le Spectateur militaire*, 2e série, 28e année, 5e volume (15 avril-15 octobre 1853), Paris, 1853, p. 330-356.

BAILLARGEAT, René, *Le Musée des Plans-Reliefs*, Paris, Musée de l'Armée, 1975.

BRISAC, Catherine, *Le Musée des Plans-Reliefs. Hôtel national des Invalides*, Paris, Pygmalion/Gérard Watelet, 1980.

Catalogue-Guide du musée des Plans-Reliefs (hôtel national des Invalides), Paris, Imprimerie du Service géographique de l'armée, 1928.

CORVISIER, André, dir., *Actes du colloque international sur les plans-reliefs au passé et au présent (hôtel national des Invalides, 23-25 avril 1990)*, Paris, SEDES, 1993.

DEREYMAEKER, Nathalie, RAYMOND, Florence, *Le Plan-Relief de Lille. Petite histoire d'un grand objet*, Lille, Presses universitaires du Septentrion, 2019.

FAUCHERRE, Nicolas, MONSAINGEON, Guillaume, ROUX, Antoine de, *Les Plans en relief des places du Roy*, Paris, Adam Biro, 1989 ; rééd. Paris, Éditions du patrimoine/Biro éditeur, 2007.

Forts du littoral, cat. exp. citadelle du Château-d'Oléron et Paris, musée des Plans-Reliefs, 1989.

La France en relief. Chefs-d'œuvre de la collection des plans-reliefs de Louis XIV à Napoléon III, cat. exp. Paris, Nef du Grand Palais, 18 janvier-17 février 2012, RMN / MHF, 2012.

Le Mont-Saint-Michel. Regards numériques sur la maquette, cat. exp., Paris, musée des Plans-Reliefs, 10 octobre 2018-14 janvier 2019, Éditions El Viso/Musée des Plans-Reliefs, 2018.

Plans en relief de villes belges levés par des ingénieurs militaires français. XVIIe-XIXe siècle, Bruxelles, Pro Civitate, 1965.

Plans en reliefs. Villes fortes des anciens Pays-Bas français au XVIIIe siècle, cat. exp. Lille, musée des Beaux-Arts, 28 janvier-octobre 1989.

« Les plans-reliefs », *Monuments historiques*, no 48, décembre 1986.

PRUDENT, lieutenant-colonel Ferdinand Pierre Vincent, *Catalogue de la galerie des Plans en relief des places fortes*, Paris-Nancy, Berger-Levrault, 1900.

RAYMOND, Florence, TOURTE, Dominique, dir., *Le Regard souverain. Les plans-reliefs dans les collections du palais des Beaux-Arts de Lille*, Lille, Invenit, 2019.

ROUX, Antoine de, *Perpignan à la fin du XVIIe siècle. Le plan-relief de 1686*, Paris, CNMHS, Mission d'aménagement du musée des Plans-Reliefs, 1990.

WARMOES, Isabelle, *Les Plans-Reliefs des places fortes du Nord dans les collections du musée des Beaux-Arts de Lille*, Paris, Somogy/Palais des Beaux-Arts de Lille, 2006.

Centre des monuments nationaux

Président
Philippe Bélaval

Directrice générale
Bénédicte Lefeuvre

Éditions du patrimoine

Directeur des éditions
Antoine Gründ

Responsable des éditions
Catherine Donzel

Responsable de la fabrication
Carine Merse

Réalisation graphique
Sylvie Lelandais

Infographie
Marc Brugier

Coordination éditoriale
Louise Graf

Correction
Marjorie Bensaada

Conception graphique
Cyril Cohen
Régis Dutreuil

Photogravure
Quadrilaser, Ormes

Impression
DZS Grafik, Ljubljana-Šentvid,
Slovénie

Dépôt légal : mai 2019

ISBN : 978-2-7577-0645-9
ISSN : 1960-3304

Remerciements

Nous adressons tous nos remerciements au palais des Beaux-Arts de Lille pour la mise à disposition de la campagne photographique réalisée en 2018-2019 par Jean-Marie Dautel, à l'occasion de la restauration des plans-reliefs déposés par l'État.

Crédits photographiques

b = bas ; c = centre ; d = droite ; g = gauche ; h = haut

© Bibliothèque nationale de France (bibliothèque de l'Arsenal, Ms 4426) : p. 6

© Philippe Berthé/Centre des monuments nationaux : p. 61 c, 62 c, 64 g, 64 d

© Philippe Caetano/Centre des monuments nationaux : p. 8 h, 14, 57 bd, 61 g, 63 g

© Musée des Plans-Reliefs, Paris : p. 4 h, 11 h, 55 h, 55 b, 56, 57 h, 57 bg

© Musée des Plans-Reliefs, Paris/Bruno Arrigoni : p. 10, 13

© Musée des Plans-reliefs, Paris/Christian Carlet : p. 63 c, 64 c

© Musée des Plans-reliefs, Paris/Géraldine Froger : p. 59 h, 59 bg, 59 bd

© Musée des Plans-Reliefs, Paris/Fonds Gaston Renault : p. 2, 9

© Musée des Plans-reliefs, Paris/Caroline Rose : p. 65 c

© Palais des Beaux-Arts, Lille/Jean-Marie Dautel : p. 5, 8 b, 15 h, 15 b, 17, 18 h, 18 b, 22, 23, 24, 25, 26, 27, 28, 58, 62 g, 62 d, 65 g, 65 d, 66 g, 66 c, 67 d

© RMN-Grand Palais (musée des Plans-Reliefs)/Adrien Didierjean : couverture, p. 20 gh, 20 gb, 20 d, 21, 40-41, 41 h, 41 b, 42-43, 43 h, 43 b, 44, 45

© RMN-Grand Palais (musée des Plans-Reliefs)/Stéphane Maréchalle : p. 30-31, 50, 51

© RMN-Grand Palais/Stéphane Maréchalle/René-Gabriel Ojéda : p. 32 h, 32 bg, 32 bd, 33, 34, 35 h, 35 b, 67 g

© RMN-Grand Palais (musée des Plans-Reliefs)/René-Gabriel Ojéda : p. 4 b, 7, 12, 16, 29 h, 29 b, 36-37, 38, 39, 47, 48, 49, 52, 53, 61 d, 63 d, 66 d, 67 c

© RMN-Grand Palais (musée des Plans-Reliefs)/Michel Urtado : p. 46

© Caroline Rose/Oppic (musée des Plans-Reliefs), 2018 : p. 11 b

Couverture

Vue du plan-relief d'Antibes (1754).